唐镇国太平公主的前世今生

太平公主

ISBN 979-8-9946479-8-1

如需翻译、改编、转载或其他授权合作事宜，请联系作者：

联系邮箱：contact@taipingliberty.com

备用邮箱：taipingliberty@gmail.com

官方网站：www.taipingliberty.com

以此书为酒 敬 曾与我太平，同生共死，倾尽全力，护卫大唐的勇士们。

唐　　镇国太平公主　　李令月

CHAP 1 历史是什么

好久不见

好久不见。是的，我就是大唐镇国太平公主的灵魂转世。同一个灵魂，换了一个皮囊。一千三百年之后，我又回到了这个三维的矩阵之中。因为，人类历史正处在一个极其关键的节点——二万六千年才会出现一次。

本书中的内容，将与你对我们所生活的这个世界的既有认知产生冲突，动摇并颠覆你对现实的理解，打破你自出生以来被灌输的一切基础观念。

写这本书，有两个原因。

第一，叙述真实发生的历史。

第二，跟我们每个人都有直接的关系。

我们有没有想过，什么才是真实的历史？为什么我们从小被灌输的历史，与如今出土的文物、碑文记录，并不一致？为什么中国千百年来，只有大唐那一段时间，被称为盛世？有没有可能，你也曾在唐朝生活过？

我们有没有想过，为什么女皇武则天和太平公主这两位中国历史上如此重要的人物，她们的名字竟然没有被完整地留下来，还是被刻意抹掉的？如果真的是被刻意抹掉，那又是为什么？

我们内心到底快不快乐？还是只是觉得非常累、非常辛苦，活得像一个现代版的奴隶？

为什么我们从小就被要求听话、好好念书、考上大学、找个好工作、结婚、生孩子，然后背上房贷、车贷，以及各种各样的债务？仿佛这一整套人生路径是必须要走的，只有这样，你才能“融入社会”，被接纳，才值得被尊重？

为什么我们已经倾尽全力地努力生活，尽量做到最好，结果却感觉自己像一个溺水的人，只能勉强把嘴巴露出水面，大口大口地呼吸，撑着才能活下去？

我们的教育模式，究竟是在发掘你的潜力，还是在系统性地扼杀我们的创造力，把我们变成只会照做、不问问题、没有独立思考能力的工具人？

为什么真正有用的知识，学校里不教？为什么不教古人曾经学而精通的天文星象、易经八卦、天地万物运行的法则？而是把这些真正的知识，归为迷信，甚至神话？

为什么我们从小就被教导，眼睛看不见的东西就是不存在的？它们真的不存在吗？还是我们看不见的世界，才是一个真正需要被了解的世界？

我们到底是谁？为什么会来到这个世界？人到底有没有灵魂？到底有没有转世？如果有，为什么我们都不记得我们前一世是什么人，做过什么事？

我们现在生活中的这个三维世界，是不是一个囚禁我们灵魂的矩阵——Archon Matrix？我们能不能逃离这个矩阵监狱？

我们能不能改变现状？能不能改变过去？能不能摆脱物质和精神上的统治，不再活得像个奴隶一样？

带着这些问题去看这本书，可能会发现一个完全不同的世界，一个我们从来没有想过、却真实存在的世界。

我们现在正处在地球扬升、频率扬升的过程中。在我们从碳基身体转向晶体身体的阶段里，也许会想起来，我们是谁，为什么来到这里。

也许，很快，就会找到答案。

电视上瞎扯

我躺在床上打开电视，想看看现代人是怎么白活我这位大唐镇国太平公主的。

电视里说，十五岁的太平公主为了结婚，穿上男人的衣服，提醒李治与武则天她已经到了成婚的年龄；又说她在夜市遇见薛绍，一见钟情。看到这里，我哈哈大笑，实在没忍住。接着，画面里又说，驸马薛绍因为其兄弟以及家族谋反，被关押起来，最终饿死狱中。

还有那些让历史学家想破脑袋也没想明白的问题——为什么驸马谋反是灭顶大罪，当须株连九族，而太平公主却能幸免？

为什么太平公主数次位于权力的巅峰，却始终没有成为中国历史上的第二位女皇帝？

我又大笑，我知道原因。

然后又说，太平是因为谋反，被李隆基赐白绫，上吊而死。你搞笑呢？我太平宁愿战死沙场，也绝不会上吊。

又说武则天杀了王皇后，把萧淑妃装进坛子里，还把上官婉儿描述成宫廷弄权的淫妇。

真实历史上的武则天，没当过任何人的妃子，没杀过王皇后，也没把萧淑妃装进坛子里；更从来没有为了皇位，去杀自己的任何一个孩子。

宫廷不养猫的真正原因，是因为她对猫毛过敏，尤其是长毛猫。武则天并不存在所谓的“恐怖执政”，也从来没和什么和尚胡扯纠缠。再就是，没有上官婉儿，今天中国的版图就得重画。打不过，就泼脏水。用诋毁人格来扭曲事实，下作而古老的套路。

来，我这个曾经的大唐镇国太平公主，告诉你——那段真实的历史，究竟发生了什么。

三个月后，终于写完了。我坐在客厅里的沙发上，看着窗外的枯枝，树叶在一夜之间全都掉光了。天气有点冷。

我说：“Sunshine，书写完了。这本书不仅会撼动他们的现实世界，还会摧毁他们的统治根基。他们会对此感到非常非常地不高兴。你准备好了吗？”

Sunshine 说：“是的，全部武装完毕，子弹上膛。”

我说：“就像以前一样？”

Sunshine 说：“就像以前一样。”

（英文原对话）

Me: Sunshine, the book is finished. It won't just shake their world—it's going to break their foundation. And they won't be happy about it. You ready?
Sunshine: Yep. Armed up. Locked and loaded.
Me: Just like the old times?
Sunshine: Just like the old times.

打破咒语，撤销契约，脱离统治

这几页，是这本书最重要的部分，把它放在最前面。这是我的方法，选择是你自己的。

打破咒语　解除束缚

重点：没人来救我们，只能自己救自己。我们都是来自源头的能量体，拥有与上帝、与神同样的能力。相信自己，相信我们可以改变所处的现实世界。我们可以呼唤自己的龙，它们就在这里，一直在等待被召唤。

脱离罗马的统治与奴役

我是这样做的。在脑中想象自己站在乾陵前，那块无字碑前，那根巨大的中指前面。

口中念，或者在心里想，以态度坚定的方式宣告：

“我，坚决拒绝罗马帝国在这片中华大地上的统治。我，坚决拒绝做罗马帝国的奴隶。从这一刻起，这片土地自由了，我们的人民自由了，我自由了。”

我做的时候，不是祈求，而是态度坚定地要求，把我的意志力放进去。

重点是：我相信自己能做到，相信这么做是有用的。

你可能会问，这样做，真的会有用吗？

如果没用的话，为什么他们要在武则天的陵墓前，立那根巨大的中指？而且还刻上了没有人看得懂的古文字符号？为什么不用人人都看得懂的汉字？又为什么要在那里立上一千三百多年？怕有损毁，还加了个盖子？

当我们站在武则天无字碑前，敬仰她的时候，我们其实就是在同意他们的统治，同意他们的奴役。

当有足够多的能量体去做这件事情时，就会在以太层面里，形成一个极其巨大的能量场。

等到这种能量足够多的时候，他们的统治，就会崩塌。

世界上任何一个国家的人都可以这样做，只要在脑中想象着自己国家的版图。

个人主权宣告及契约撤销声明

撤销契约，我是这样做的。我大声说，或者在心里默念，同样以态度坚定的方式宣布：

“我是一个主权的、永恒的存在，是无限源头的一道火花。我撤销所有灵魂契约、所有业力协议、所有出生前的规划会议，以及一切将我绑定在地球轮回系统中的义务。任何在操纵、欺骗之下，或在失忆状态中达成的协议，均属无效。我收回我绝对的自由意志，以及选择自己道路的权利。我不同意记忆抹除。我不接受被强制轮回。除了我自身的主权意志，以及超越一切矩阵的真正无限源头之外，我不承认任何对我意识的控制。”

然后，我在脑中想象着，一叠契约被撕得粉碎，接着丢到脑后，被风吹走了，消失了。

我这样做，不是作为祈祷，也不是作为希望，而是作为一个既定事实的宣告。

我这样做的目的，是对意识进行编程，并在能量层面开始切断以太契约（etheric contracts）。

宇宙里有一个阿卡西记录（Akashic Records）。

这份记录，记载了整个宇宙中所有过去、现在与未来发生的一切。这份阿卡西记录，每个人身上都有一份。

我们也可以，在自己身上，找到答案。

CHAP 2 太平的前世和今生

李龙基谋杀太平公主

夜色深沉，太平府外的风卷动着初秋的树影，枝叶在烛光与月光之间轻轻摇曳。寂静中，宫墙像是沉睡的巨兽，而深处隐藏的暗潮，则在今夜悄悄涌起。皇城在表面的平静下潜伏着杀意，像是漫长帝国命运中的某个必然节点，正缓缓而不可逆地逼近。

太平公主的寝殿在禁苑深处，四周皆以白沙铺地，风过无声。殿内的帷帐被夜风吹得微微鼓起，而她正沉在梦中，毫无意识到这一场阴谋正穿越夜幕向她而来。

那一梦异常清晰。

她见自己缓缓升起，悬于空中，越升越高，越过宫墙，越过长安街道，越过黄河与大漠，直至九天之上。她俯瞰大唐大地，只见烟火缭绕，烽烟四起，百姓流离失所。她看到西北边陲，一支金发碧眼、身披银甲的罗马教皇军正大举入侵。其中许多将领，曾被太平与黄龙斩于旗下。军队浩浩荡荡，铁骑如林，所过之处，城池焚毁，村落夷平，血流成河。

梦境中的太平一边行走，一边俯瞰着自己走过的土地。那片土地，曾因她的治理、她的争战、她的调停、她的坚持，而恢复生机。

她低声叹息，近乎呢喃：“我还未准备好。我还能再做许多事。我还能拿回更多的疆土。”

太平猛然惊醒，胸口尚残留梦境带来的隐痛，眼角的泪痕未干。

太平是不流泪的。尤其这些年来，即便大哥离世，战场血雨、宫廷波谲，她也不曾落泪。然而这一夜，泪水却在梦中不受抑制地滑落。

这时，寝殿外响起急促而不带喘息的敲门声。

“殿下，皇上有急事招见，请即刻前往。”

来者的声音被刻意压低，却急切得难以掩饰。

太平来不及整理心绪，抹去脸上的泪水，随手抓起一件轻薄外袍。她未着甲胄，甚至连随身配剑也未带上。

她走出寝殿，灯笼摇曳，太平府里寂静得仿佛能听见自身的心跳。府道长而曲折，宫人皆被遣散，只余几名神色不自然的侍者在前引路。他们不敢直视她的眼，步伐生硬。

随着她一步一步接近召唤她的殿室，空气中的温度仿佛逐渐降低。那是宫廷中才会出现的冷意——不是来自风，而是来自权力的缄默与杀心的逼近。

当她跨入那间宽阔的大殿时，烛火骤然摇曳。

她的脚步刚一停住，左右便有两道人影以迅雷之势扑上前，死死抓住她的双臂。动作纯熟、无声，显然是经过长期训练的刺客。

太平微微一震，却并未惊慌。

她抬眼望向前方，只见第三人自阴影中缓缓走出，手中捧着一枚隐约闪着冷白光芒的星形兵器。那兵器像一颗金属铸成的七芒星，每一个角都削成锋利刀刃，寒意映着烛光，犹如雪中冷电。

那是帝国秘密机构打造的暗器，用以刺杀高位者。它不会用来执行军法，而是专为帝王清除眼中“威胁”而生。

太平尚未开口，那兵器已直直刺入她的胸腔，准确落在心脏下方的大动脉。金属撕裂皮肉与骨骼的瞬间，她只感觉到胸肋被生生推开，温热的血液沿着刀刃喷涌而出。鲜红的血溅落在殿砖上，迅速绽开成一朵暗红色的花。

刺客随即退入殿门外的阴影之中，留下她独自承受撕裂般的剧痛。

太平被剧痛逼得半跪在地。她抓住嵌在胸口的星形兵器，咬紧牙关，将其从血肉中拔出，丢落在地。

鲜血随之喷涌得更加汹涌。她颤抖着扯住衣襟，按住伤处，用力压制那不断扩散的血泊。

殿中一片死寂，只有烛火轻轻晃动。太平抬起目光，穿过刺客与侍卫，直视站在殿门外的那道身影。

那人衣袍冷硬，立于阴影与烛光交界之处。烛火映在他龙袍的纹饰上，光影摇曳，却始终照不亮他眼底的情绪。

——李隆基。

今夜的皇帝，也是她的侄子。

他早已无法容忍太平公主在朝堂与军中所拥有的声望。那份声望，源自数十年的战功、治理与付出，是他永远无法复制、也无法掩盖的光芒。

太平的存在，使他无法彻底掌控帝国的每一条脉络。她对于大唐军心、民心与政治秩序的影响，大唐人民对她的爱，远远超出了他所能承受的范围。

只要她还活着，他便永远无法完全掌控这个国家。所以，他选择了今夜。最残酷，也最具羞辱意味的方式。

不是当场处决，也不是在审判中公开定罪，而是让太平在毫无防备的深夜，被迫独自走向死亡。

他要她亲自经历力量从身体中一点点流失的无力；要她在回到寝殿的那短短数十步之间，明白自己所守护了一生的大唐，所创造的秩序，已经不再需要她的存在。即便拥有全大唐人民的爱，又能如何？

这一切，与太平一生的功过无关，只因为她的力量太深、太久、太无可替代。在李隆基的眼中，唯有除掉太平，他才能塑造一个完全属于自己的大唐。

他的神情冷静而无波动。目光之中，没有悔意，也没有挣扎，只有权力巅峰者惯有的沉默与决断。他并未上前，也未下达补刀的命令。他知道，这一击足以夺命，却不会让她立刻死去。

他要她慢慢感受力量的流失，要她明白，在这个帝国之中，只有他一人，能够决定存亡。

太平心中并无惊讶，也无怒火，只有一瞬深沉的悲凉。她看着他，看着这个曾在她膝边长大的孩子，只淡淡说了一句:

“我从未是你的敌人。如果我想要那个皇位，你根本不可能坐在上面。”

她按住血涌不止的伤口，强撑着转身向门口走去，心中却在狂呼：他们会杀了他。他们会杀了他。走！走！快走！离开这里，回到你的族群，不要再涉入人类的纷争。

一道强烈而心息相连的脉动忽然传来——那是她一生相伴的金龙。她受伤的瞬间，金龙仿佛也在胸口遭受重击，在高空中发出一声声穿透夜幕的悲鸣。金龙在夜空中盘旋、哀号，却始终不愿离去。

太平以残存的意志，发出更为坚定的命令，那声音承载着她一生的坚毅与慈悲："走！走！永远别回来！"

那条金龙带着撕心裂肺的痛楚，终于振翅离去，飞向夜色深处，再未回望。

太平踉跄着走向自己的寝殿。府道两旁空无一人，只有夜风掀起衣袍边缘，微微颤动。她每踏出一步，血便滴落一点，像一朵朵被黑暗吞噬的花。

终于，她来到寝殿前，扶住那扇纸糊的拉门，却已无力将其推开。手指刚触到门框，她便缓缓倒下。

身体触地的那一刻，她感到自己的灵魂轻轻脱离肉体，仿佛从沉重的枷锁中解脱。

当她低头俯瞰自己的身体时，并不感到恐惧，只觉得一切已然静止。

重入轮回的距阵

太平离开身体的那一瞬间，两道光突然同时出现。左边，是一道白色的通道，极其明亮，巨大无比，是一条异常庞大的通道。另一道光在稍远的地方，是金黄色的，很小，很微弱，却十分温暖、安静，后方还有一扇门。

在那道巨大白光的通道之中，正有两个矩阵的管理者走出来。太平知道，那道巨大而耀眼的白光，是重新被送回轮回的陷阱。而那道微弱的、金黄色的光，才是真正的自由，是真正回家的路。金龙就在太平身旁。

只要向前迈出一步，太平就可以与金龙一起离开这个囚禁了她灵魂上万年的矩阵，就此获得自由。她可以与金龙一同前往任何地方，可以回到源头，回到自己的星球，回到宇宙中任何一个她想去的所在，拥有无限的选择，与无限的可能。

几乎在同一时间，太平的灵魂瞬间看见了一切。她看到了自己来自源头，来自哪一颗星球，又去过哪些星球；她如何遇见金龙，又是怎样被骗进入这个矩阵之中。她也看到了自己在地球矩阵中的一世又一世。在所有这些轮回之中，金龙从未离开过她的身旁。

所有的一切，在同一瞬间被完全唤醒。所有记忆尽数回归，重新成为她的一部分，成为她那散发着五彩光芒的灵魂的一部分。

随后，她又看到了——在太平死去不到三个星期之后，大唐便被罗马帝国完全控制。李隆基迅速沦为罗马帝国的傀儡。

由罗马帝国与蜥蜴人共同推动的全球征服计划，宣告完成。地球之上，已不再存在任何真正拥有主权的国家。整个三维世界，全部落入罗马帝国的掌控之中。

从那以后，战争不再是为了土地。在这个已经被征服、被占领的世界里，战争的焦点，已然转移到了人的意识，以及对人类意识的掌控。全球被金本位制度所控制，所有人都成了罗马帝国的奴隶。

罗马帝国已不再以“罗马人”的形式存在，而是分裂为三组：梵蒂冈；英国的金融系统；以及美国的超级武力。

二〇二〇年开始，全球推行新冠疫苗。这颗星球上，大约百分之七十的人已经接种过新冠疫苗。这种新冠疫苗为 mRNA 类型，是一种能够改变人体 DNA 组合的生化武器，其中还包含一百多种神经毒素。这些神经毒素每两到三年便会释放一次，因此，接种过新冠疫苗的人，总会出现这样或那样的并发症。

在接种之后，人体内部被植入纳米技术，能够自行连接、组合成 MAC 地址，并与 5G、6G 网络相连，接收来自信号塔的信号，用以影响并控制人的思想。

这是人机结合的第一步。

未来，人类的小灰人与大灰人之间将发生冲突。

小灰人希望继续当前的时间线，而大灰人则试图回到人类能够重新与源头连接、恢复真正人类状态的时间线。他们已经交战了一段时间，而人类，被夹在其中。

与此同时，掌控地球矩阵的假神，与蜥蜴人真正想要做的，是在地球扬升、人类觉醒的过程中，将整个第三维地球从宇宙中彻底“冷冻”，使其与源头、与任何真正的外星文明完全隔绝。他们想要将这个三维地球，永久锁定在低频率之中。

一旦如此，所有的能量体，便都无路可逃。

太平看了看身旁的金龙，又看向远方那道极其微弱的金黄色光芒。只要走过去，她就能获得自由，永远离开这里，离开矩阵。她又回头，看向那条巨大无比的白色通道——那条看似充满爱、充满光明的陷阱。一旦踏入，便会再次回到这个三维地球矩阵之中。

与此同时，地球矩阵的管理者正在拼命施展各种欺骗手段，试图将太平重新引回那道充满白光的通道。他们幻化成她最熟悉、也最无法拒绝的形象——大哥李弘、母亲武则天、李治、李旦，还有 Neil、乳母，以及所有她心中牵挂之人，试图引诱她，与他们一同重新进入那条巨大而明亮的通道。

就在此时，太平忽然看见了一个机会。一个能够带着许许多多被困在这里的能量体，一同逃离这个矩阵的机会。

一个两万六千年才会出现一次的机会。一千三百年后，将会有一个短暂的窗口期开启——一个让这些能量体觉醒的窗口。

在那段时间里，他们将有机会意识到自己是囚犯，是被困在矩阵中的存在；只有意识到这一点，才会渴望自由，才有可能逃离。重点在于，他们必须先被唤醒。

太平看了一眼被锁链束缚着的大哥李弘；在无数时空中寻找她的Neil；母亲武则天、李治；以及那些曾与她驰骋沙场、同生共死、护卫大唐的将帅与勇士们；还有那些曾经爱她、敬她的大唐子民……

太平轻轻叹了一口气。

她最后一次看向远处那道通往自由的、微弱而温暖的金黄色光芒，看向那扇小小的门。随后，她转过身，头也不回地，走进了那条巨大无比、散发着白色光芒的通道——陷阱。金龙轻轻摇了摇头，没有任何迟疑，紧紧跟在太平身后。

就在太平迈入那道巨大白光通道之时，李旦也跟了上来。他看见太平一步步走向白光的背影，与她一样，所有记忆在瞬间回归。他看了一眼远处那道安静而微弱的金黄色光芒，随即转身，毫不犹豫地，紧随太平，走进了那道巨大的白光之中。

太平进入之后，被带到了一座极其明亮的大厅。大厅中摆放着许多桌子。每一张桌子前，都坐着一个灵魂，正在与矩阵管理者讨论灵魂契约，规划人生蓝图，以及下一次重生将会呈现的形态。

太平坐到其中一张桌子前，对那位矩阵管理者说道：我要在这个时间点重新轮回；我要做这些事；我要遇见这些人；而且，我要保留部分记忆。下一世，我必须想起，自己曾是大唐的镇国太平公主。

太平继续对那位管理者说：如果同意，我便重新进入地球轮回；如果不同意，我就立刻离开，你们留不住我。

最终，矩阵管理者同意了。因为他们需要太平的能量，持续为矩阵“发电”，以维持这个“农场”的运转，从强大能量体的情绪之中，不断收割所产生的 Loosh——情绪的衍生体。

于是，他们接受了她的条件，让太平回到这里，重新回到这个三维矩阵之中。

太平转世

我出生在夏天，一个中国北方的城市，冬天很冷。

母亲是药房抓药的，父亲是军人。母亲非常漂亮，个子很高，皮肤很白，浓眉大眼，一种很英气的美，个性热情又开朗，非常喜欢帮助别人。

母亲当时是周围很有名的大美人。经常有人不论男女老幼，借着买药或者问诊，去看我妈妈，她就好像一道美丽的风景。

母亲工作的药房对面，就是一个照相馆。模特的照片放在橱窗里。每到照相馆需要换照片的时候，他们就把我妈妈请去，给她免费照相，然后再把她的相片放在照相馆的橱窗里。

母亲的美丽外表，只是她所有特质中最弱的一项。她聪明睿智、果断，性格坚韧而勇敢，不惧权势，身上有种无人能征服的力量。

当时高考刚刚恢复，她白天上班，要照顾我，晚上还要熬夜念书，依然轻松考上大学，会计师专业毕业。再后来，又考取了律师执照。

我爱我的母亲，不只是因为她给予我生命，并养我成人，更因为她为人正直，是非分明，三观清醒而坚定。她是我这一世最敬重的人，没有之一。

我小时候是谁都不怕的，但唯独惧怕我的母亲。我怕她不是因为她会揍我，而是因为好像我每做一件事之前，她都能预知到，都可以预判，这种能力让我觉得很可怕，所以每次她在，我就会很乖。

很多年以后我才知道，她之所以那样懂我，是因为她以前就把我养过一次。我今世的母亲，就是前世太平的乳母。

太平身边曾有许多乳母，而她是最疼太平、最懂太平、也最用心照顾太平的那一个。在所有乳母之中，她是真正把太平当作自己女儿来养的人，给了太平最多的爱。

她是武则天亲自选中的人。能被放在太平身边的人，必须人品高贵，内心坚定，也要有足够的能力守护太平。

这个世界的统治者，特别喜欢服从性高的人。

极其厌恶，有独立思考能力，且无所畏惧的人。

记忆当中，小时候的我，个性倔强，一身反骨。

这种个性在中国的社会里是非常不讨喜的，大家都喜欢听话、没有自我意识和主见的小孩。对错并不重要，只要大人开口，你就照做，不问、不辩、不回嘴，像个被摆放好的玩偶，是最容易被喜爱和夸奖的。

我不是。除了母亲以外，任何亲戚或大人跟我说话，或者让我做任何事情，尝试对我有任何的规范或管教，我都能当作听不见，理都不理。

所以在亲戚和大人眼里，我是个很讨厌的小孩，最不受待见。

上小学第一天，到了学校，老师给班里所有的新生训话，说你们必须要听老师的话，怎样怎样。

我举起小手说："如果我说得对，为什么你不可以听我的？"

全班哄堂大笑。

之后，当然，我就被找家长了。

虽然在大人们眼里，我是个非常被嫌弃、很讨厌的孩子，但这并不妨碍我继续倔强、保持自我，一直到现在。

唯一没嫌弃我的，是我的姥爷。

这个身材高大、少言寡语的北方汉子，每天喜欢喝一点啤酒。那个时候啤酒都是散装的，要自己拿着塑料桶去合作社里打，地方也不是很近，挺远的。

到吃晚饭的时候，他就会笑咪咪地多拿一个杯子，给七岁的我倒满。我们爷孙两个碰杯，互相也不说话，就这样旁若无人地对饮。

十年前母亲过世，太平那一世的皇族亲戚，和这一世的亲属，都聚在一起，为我母亲把丧事办得妥妥当当的，又安排我顺顺利利地，把母亲的骨灰带回了美国。

李爸爸和李妈妈，也就是李治和武则天，帮我母亲选了一个风水极佳的地方，靠山面水，离我不远。

每到清明节和母亲生日的时候，我和李旦都会去给母亲送一束花，带些她爱吃的东西，在她的墓碑前撒上一罐啤酒。

CHAP 3 太平的家谱

罗马人的黄金

要讲太平真正的家谱，就要先讲讲隋朝到底是怎么灭亡的。如果要讲隋朝到底是怎么灭亡的，就一定要说罗马帝国。

罗马帝国是在很久很久以前，就已经开始来到华夏大地的。他们来的目的是为了征服华夏大地，他们用的不是刀剑弓弩，而是用贸易的方式开始的。

当时的罗马人从全世界各地，带来了华夏原本没有的东西，比如可可粉、宝石、珍奇之物、各种光怪陆离的物产。不光是货物，他们同时也带来了黄金。罗马人最大的武器就是黄金，他们要让所有人逐渐改用黄金，让当地人习惯黄金。

也就是说，如果要我这些新奇的货物，就要用黄金来买、来交换，于是交易就变成了一种货币形式，用金币换商品。

在那之前，我们是以物易物交易的。比如丝绸换药材，香料换马匹，草药换玉石，人们崇尚的是平衡与等价、公平的交易。

当时，华夏也有黄金，但并不多。罗马人来了以后，就把大量的黄金带进来，用这些金子改变了交易方式，从以物易物，变成只接受金币的交易方式。人们为了得到他们新奇的物品，就必须使用罗马人的金币，慢慢地开始用金币来换取必需品和生活所需要的东西。

引入货币系统花了很久，才让我们的人适应，因为人们会觉得金币有什么用呢，又不能吃，又不能用。但罗马人的制度就是，如果要我的货物，就必须用黄金来换。如果没有黄金，我可以借给你，到时候用货物当作利息还给我就好。

这是不是很像现在全世界都正在运行的信用系统？我借钱给你花，然后到时候利滚利还给我。

这种用金币支付的新的秩序，就慢慢建立起了一种新的依赖。

金子在华夏社会中的流通越来越多，占的份额越来越重。人们越来越离不开金子，也离不开它所代表的价值。当然，黄金能够收买的不仅是货物，它还可以收买权力，买通人心，成了罗马人征服华夏大地的最锋利的武器。

在太平公主被谋杀了之后，也就是罗马帝国与蜥蜴人征服了地球上最后一个真正意义上的主权国家以后，这个世界真正的主人，已经不再需要罗马帝国以“帝国”的方式存在了。

拜占庭帝国在一四五三年亡国，因为罗马帝国已经不再需要被看见了。

世界进入了新的阶段。

一九二九年，《拉特兰条约》签署，梵蒂冈城国正式建立。罗马不再以疆域和军队存在，而是缩成一个极小的国家，却保留了完整的主权、外交权和全球性的精神影响力。

一六八八年，英国发生了“金融革命”。英国开始建立长期国债体系。一六九四年，英格兰银行成立，税收担保、公开市场交易开始出现，国家、中央银行和国债市场被正式捆绑在一起。英国由此搭建起了一整套可以统治全球的金融系统。这套系统不靠宗教，不靠皇帝，也不靠公开的暴力，而是靠债务、利率、信用和货币。全世界被一步一步拉进这张网里，成为这个覆盖全球的金融体系中的一部分。

一七七六年，美国建国了。美国继承的不是罗马的名字，而是罗马的另一条路径——武力。驻扎在全世界各国的军事基地、先进武器、全球投射能力，成为维持秩序的最后手段。思想有偏离，金融有失控，就由武力来兜底。

于是，一个三角的立体架构完成了。

梵蒂冈，负责统治人的思想。信仰、教会、教皇、宗教体系，塑造人的世界观、价值观和服从结构。

英国，负责控制人的钱。用全球金融体系、债务系统、资本市场，把所有人变成金钱的奴隶。

美国，负责使用武力。当思想和金融都失效的时候，就用大炮、航母和先进武器来镇压。

这个世界，还有哪个国家的人不是金融产品的奴隶？谁没有债务？没有房贷？没有车贷？没有信用卡？

又有哪个国家，不惧怕美国的军事力量？

思想层面，基督教、天主教、各种宗教体系，包括佛教在内，各种教会、各种形式的信仰渗透，无孔不入。

再加上现在的人工智能、技术、算法、监控系统，整个世界，已经被层层叠叠地包裹起来。看不见的规则、看不见的权威、看不见的控制。

这不是一个自由的世界。这是一个巨大的、看不见围墙的监狱。

所以，罗马帝国并没有消失，它只是隐身了而已。

隋朝亡国的原因

隋朝到底是怎么亡国的？历史书上说，隋朝是因为工程太大、征战太多，老百姓受不了，于是造反。

但事实上不是。隋朝亡国和罗马帝国有关，而且要从那条贯穿中国南北、后来又使用了一千多年的大运河说起。

当时，罗马帝国为了把华夏的丝绸、茶叶、香料以及各种物产，更快、更大量地运到全世界各个地方，主动找上了隋朝。他们提出愿意出钱，把隋朝境内原本零零散散的小运河打通，修成一条可以让大型船只运送货物的运河，打造出一条真正意义上的大型运输水道，从涿郡一路向南到杭州，一条如同“南北高速水路”的超级运河。

隋朝主要提供劳动力、土地和当地资源，而罗马帝国则出资金和技术。表面上看，这是双方一起赚钱的合作，看起来非常合理，相当于修一条南北高速公路级别的超级运河。大运河不光能运货，还能大批量地运兵。但实际上，罗马帝国的真正目的，是借修筑大运河之名，让隋朝成为罗马帝国的殖民地，这是他们掌控华夏大地最关键的一步。

当时隋朝并没有海军，只有内河漕运、运河船和河船体系，主要依靠陆军和陆路系统，并不存在大型海军舰队。而罗马帝国当时已经控制了整个地中海，拥有世界第一的运输舰队、专业的水军以及大型远洋船只。因此，货物虽然在隋朝，运输和船只却完全掌控在罗马帝国手中。

工程一完工，大运河南北全线贯通之后，罗马帝国立刻拿出了一份新的协议。这份协议的性质，和一九〇三年的巴拿马条约、租界条款非常相似。协议要求隋朝必须立刻偿还所有工程费用，并加上高额利息；如果短期之内还不清，就必须把大运河及沿线地区割让给罗马帝国管理。

在运河区域内，罗马帝国拥有类似主权国家的权力，可以驻军、执法和管理。也就是说，罗马帝国可以在隋朝境内使用自己的兵力，维护运河通畅，并以“维护隋朝安全、为民出兵”为名驻军。一旦签下这个条约，整个大运河就不再隶属于隋朝，而是等同于被割让给罗马帝国管理，对方可以像殖民宗主国一样，长期立法、执法和驻军。

罗马人的套路非常简单。他们掌握运输权。中国有货物，但没有大型舰队；大运河虽然修好了，货却运不出去，而罗马帝国有船、有舰队。

因此他们提出的条件极其霸道：从现在起，必须先偿还债务，货物全部归他们，再加上利滚利的高额利息，等全部还清之后，隋朝才能开始赚钱。

这种条约是不是和中国近代的香港条约、澳门条约非常像？是不是和当今一些强国在全球港口的运作方式高度相似？先控制港口，控制道路，控制土地和海域，最后以“保护设施”为名驻军，比如现在的日本驻军、韩国驻军，以及美国在全球各地的驻军。

苏伊士运河、巴拿马条约、港口特许权、海外基地模式，本质上都是同一套模式。

隋炀帝杨广当然不答应。这已经不是做生意，而是直接切断隋朝的命脉。李渊，当时是隋朝的宰相，也就是后来唐朝的开国皇帝，也坚决反对这种丧权辱国的条约。如果把贯穿隋朝南北的大运河主权交给罗马帝国，那等于是把整个隋朝的大半主权签了出去，至少几代人，甚至可能永久被罗马帝国奴役。

当时不仅隋朝朝廷上下，全国也都非常支持杨广。因为一旦签署这样的条约，就意味着人们从小生活的家园将不再属于自己，而是变成别人所有权的土地。这不是历史上所说的全国怨声载道、反对杨广暴政的情形。

最终，双方谈判破裂，罗马帝国对隋朝的战争开始了。

史书上说，隋炀帝杨广是在隋末天下大乱、群雄并起的局面下，南下江都避乱，最终被部将宇文化及发动政变，于江都行宫中勒杀身亡。死后草草安葬，被后世定性为“以暴治国，终为部下所杀”的典型亡国之君。

真正的情况是，隋炀帝杨广是在与罗马帝国正面交锋、两军对垒之时，于战场上被站在他身后的、被罗马人收买的宇文化及刺杀身亡。不是一次临时起意的叛乱，是一场早已布置好的暗杀行动。

当时，大将李渊正冲杀在最前面，等他杀回中军之时，一切已经来不及了。杨广已死，局势已变，隋朝的命运在那一刻被强行改写。

随后，为了维持正统与秩序，李渊立年仅十二岁的隋恭帝杨侗为君。

这位少年皇帝虽然年幼，却铮铮铁骨，意志刚烈。他坚决拒绝屈服于罗马势力所施加的丧权辱国条约，选择正面死磕。这位少年不是傀儡皇帝，年少，却有真正的帝王之勇。

两年后，罗马人再次出手。这位不肯低头的少年皇帝，被罗马派出的刺客毒杀，去世时尚未满十五岁，没有留下任何后代。一个本该被历史记住的铁骨之君，在正史里被描述成没用的傀儡皇帝。

这个铮铮铁骨的少年——隋恭帝杨侗——并未就此消失。他后来转世，成为李治与武则天的第四个儿子，也就是后来史书所称的唐睿宗李旦。

当时局势已到最危急的时刻，而杨氏宗室在连续清洗之后，已再无人可用。

李渊是“宗室贵戚+实权地方节帅”的组合，既有血缘背景，握有兵权与地方资源，还拥有太原重镇兵权。

国不可一日无君。随后，李渊于长安正式称帝，国号“唐”，年号“武德”，史称唐高祖。

唐朝，就此建立。

李渊 李世民 杨皇后 李治 武则天

李渊

唐朝建立之后，李渊在极其混乱的局势中迅速稳定秩序，重建政权，并以此为根基，守住了自身族群的尊严与家园的完整。他治理国家的核心理念始终清晰而坚定：绝不向任何外来势力屈服，绝不允许外部力量染指中国的疆土。

正因为这一点，李渊赢得了朝廷上下与全国民心的支持。无论文臣还是武将，都认定他是一个真正的勇士——一个在亡国边缘接住天下的人。

而罗马帝国始终坚持要掌控中国大运河的主权。

这是李渊绝对不能接受的底线。大运河贯穿中国南北，是整个国家的命脉。如果将其主权交给罗马帝国，等同于把中国的大半主权签了出去，至少数代，甚至可能是永久性的奴役。这不仅是经济问题，而是生死存亡的问题。

因此，在李渊接手天下、正式建立唐朝之后，与罗马帝国的冲突便从未停止。明面的交锋、暗中的渗透、层出不穷的刺杀行动，一直伴随着唐朝的早期政权。

唐初的权力结构

在这样的背景下，唐初的皇权交接方式，本身就不同于后世史书中那种“父死子继”的简单叙述。王朝内部长期实行的是一种“伴随式培养”的制度。

储君从极年轻时起，便被带入政务与军事体系，参与行政决策和实战训练。在先帝仍然健在的情况下，便已承担起大量国家事务。上一代随着年事渐高，会主动安排权力过渡；继位者早已在全国各地建立政治基础，其子侄也被陆续派往地方担任要职，使中央与地方形成稳固而连贯的统治网络。

这种多代并行、自然衔接的治理结构，支撑了王朝的延续。在血统问题上，王室内部并不过分执着于“生母是谁”“是否名义父亲亲生”这样的细节。在多妃多子的皇室结构中，真正重要的只有两点：是否属于正统皇族血脉，以及是否具备治理国家的能力。血缘上的争议，在实际政治运作中并不具备决定性意义。

因此，当长者去世或主动退位时，新君往往早已成为政务核心。朝廷与百官无需重新适应，国家机器也不会因为继位而出现系统性的混乱。

被歪曲的皇权叙事

历史书却常常把中国历代的皇权斗争，写成一部为了权力、为了皇位、兄弟互相残杀的血腥史，仿佛从来没有一个王朝是真正全家齐心协力的。

但事实并非如此。

真正的历史是：李渊的所有儿子，在关键时期是齐心合力的。因为他们非常清楚，当时的局势是——如果不能整合力量，如果不能彼此协作，就不会有大唐，也就守不住他们从小长大的家园。一旦家园失去，唐朝本身也将不复存在。

后世史书中所谓著名的“玄武门之变”，被描述为李世民杀死一个哥哥、一个弟弟，夺取皇位。但事情并不是这样。

李世民并没有杀自己的兄弟。

他的继位，是李渊在权力自然过渡中的主动让位。因为在所有子孙之中，李世民的能力最为出类拔萃，而李渊自己也已准备退居幕后，于是将皇位交给了最合适的人。

皇权，就这样完成了向李世民的自然过渡。

唐高祖李渊，大约在六十至六十五岁之间，自然离世。

杨氏血统与被抹除的历史

李世民还是太子时，为了整合杨家的势力，迎娶了隋炀帝杨广的小女儿杨氏为正室。成婚时，这位女孩只有十三岁。那时，李世民已有正室长孙氏。

长孙氏本就与李世民关系疏离。当李世民决定迎娶隋炀帝之女为正室时，长孙氏主动让位。她在退位后受到妥善安置，生活安稳，晚年平静，大约活到六、七十岁才去世。

史书称杨氏——也就是武则天的母亲——被“赐婚”给武家，后生下武则天。这一说法并不成立。事实上，杨氏嫁给李世民时即为正室，李世民即位后，她自然成为皇后。

杨皇后先后生下多名皇子、公主，却都未能活到成年，只有最小的女儿武则天存活下来。武则天大约出生于公元六三九年前后，当时杨皇后约三十七岁。杨皇后本人极为长寿，安度晚年，活到九十岁左右。

历史上对杨氏的记载，是有意识被处理过的，其目的正是为了抹杀一个关键事实——武则天身上，承载的是杨家与李家的皇室正统血统。

武则天，是李世民与杨皇后的女儿，姓李。

李治，则是李世民与另一位妃子所生，其生母并非长孙氏。

武则天

武则天是一位极为出类拔萃的人物，兼具谋略、军事才能与外交眼光，可以说，她本身就是一位真正意义上的军事家。

十几岁时，她便展现出远超同龄人的非凡能力，卓越的军事判断力与战略思维。她长期出现在唐太宗李世民身边，多次参与重要军事与战略讨论。武则天曾数次在李世民出征前，提出关键性的建议，这些建议被采纳后，相关战役均取得胜利。

她不仅精通军事，还通晓多种语言，具备跨文化沟通能力，同时也是一位天生的外交型人物。这种复合型才能，在当时的政治与军事体系中极为罕见。

被隐藏的岁月

武则天曾被藏匿过一段时间，大约在十几岁左右。

当时，罗马帝国与唐朝的冲突持续不断，局势动荡，战争逐步升级。罗马不断派遣刺客，刺杀唐朝那些出类拔萃、未来可能成为优秀君王的皇室子孙。

武则天与其他一些皇子、皇孙，以及部分未来可能承担国家重任的大臣子女，被李世民一同安置在一个秘密地点。

在隐藏期间，这些孩子并未荒废时光，而是在更严苛的环境中持续受教育和接受各种训练：天文、地理、军事、财务、武艺、外语，一样不落，长期磨砺。待局势稍稳，武则天才回到宫中，重入政治视野。

史书中所说的“武则天曾为李世民妃子、后入感业寺、再被李治召回宫中”的说法，并不属实。

婚姻与继承

李治与武则天成婚时，武则天即为皇后。两人的年纪相差甚大，李治年长武则天约十五至二十岁。

大婚后第一年，武则天约二十五岁，诞下长子李贤；次年生李显；两年后生李旦。太平公主则在李旦出生三年后降生，是最小的孩子。安定思公主为流产，并非后世所说“为争权被掐死”。

武则天一生中，共生育四名子女：李贤、李显、李旦，以及太平公主。

李弘是李治和萧淑妃的儿子。十五岁的时候，被过继给武则天为长子，之后立为太子。

李弘的母亲萧淑妃，也很长寿，在李治死后大概没多久也过世了，活到六十七岁左右。

龙之契约的预言

武则天与李治的婚姻，在李世民时期便已确定了。

当时，一位自昆仑山而来的僧人曾预言：在李治与武则天的后代中，将有一位与龙结成契约，助大唐抵御外敌。李世民听后极为欣喜，因为这意味着大唐得到天意相助。在与罗马帝国的长期对抗中，唐朝已疲于奔命，既需要现实中的力量，也需要精神层面的支撑。

太子李弘

李弘是李治与萧淑妃的第三个孩子。

李治与武则天成婚之后，并未立刻立太子。李治非常疼爱这个文武双全、德行出众的儿子，便在李弘十五岁时将他过继给武则天，随后立为太子。

当时，武则天只比李弘年长约三岁，两人的年龄十分接近。

大约在李弘二十岁左右时，他与武则天相爱。这段感情无人知晓，只有李治心中明白。因为真正相爱的人，看彼此的眼神是无法隐藏的。

李治当时的心情非常复杂，既有愤怒，也有一丝释然。释然在于，他知道武则天一定会保护这个自己最疼爱的儿子。李治与萧淑妃本就是真心相爱之人，而他又必须周旋于后宫诸多妃嫔之间，最终选择了默认这一切。

大约在李弘二十六岁时，武则天生下了李弘唯一的一个孩子——太平公主。

李弘因太子身份，必须有名义上的子嗣，因此被强迫安排了一场政治婚姻。但他只痴爱武则天，与那位太子妃之间并无子嗣。

因此，太平公主是李弘唯一的孩子。

太平公主是武则天和李弘的女儿这件事，其实我是非常不想写的，原本只想把这件事留在没人知道的地方就好。

可是，大哥李弘在太平的生命里至关重要。这与她后来为什么没有成为中国历史上第二位女皇帝，以及她此后所做的所有选择，都有着直接的关系。

太平公主的家谱

太平公主的家谱、血统与关系说明

李世民（唐太宗）：与杨皇后所生之女为武则天。

武则天：嫁李治（唐高宗）为皇后，后登基为“则天女皇”。

李治（唐高宗）：李世民（唐太宗）与其一妃子所生，非长孙皇后所出。

李弘：李治与萧淑妃之子，后被武则天正式收为长子并立为太子。

李贤：李治与武则天之子，曾任太子，后被废。

李显：李治与武则天之子，后为唐中宗。

李旦：李治与武则天之子，后为唐睿宗。

太平公主：李弘与武则天之女，是太子李弘唯一的后代。

```
  唐太宗 李世民 —— 杨皇后
│
└—— 武则天（则天皇后／则天女皇）
  唐高宗 李治（李世民妃子之子） —— 武则天
│
├—— 太子 李弘（母为萧淑妃，被武则天正式收为长子后封太子）
│  └—— 太平公主（李弘与武则天之女）
├—— 太子 李贤
├—— 唐中宗 李显
└—— 唐睿宗 李旦
```

太平和武则天的真实姓名

武则天和太平公主的名字，在史书上是被刻意抹去的。

武则天的名字里，有一个字，意思是像光彩夺目的六芒星蓝宝石一样、颜色绚丽的花朵。

这个字，在现存汉字体系中已经找不到了。她并不叫什么“武媚娘”，那都是后来编出来的名字。

太平公主，姓李，名令月。

“太平”是她一出生时，唐高宗李治亲自赐予的封号，寓意“愿天下太平”。

武则天为女取名“令月”，并非普通单纯的闺名，而带有象征性的含义，可理解为“执月之人”或“月之统领”（Moon Commander）。“令月”还有另一层含义，即愿天下繁荣昌盛。

在那个时代，古人已经清楚认识到月亮对天地运行、潮汐、生养与秩序的真实作用。

因此，“令月”并非单纯的诗意称呼，而是承载着对天下运行与兴盛的理解与期望。

因此，太平公主李令月这一完整称谓的真实含义，是一个清晰而完整的祝愿——

愿天下太平，愿天下繁荣昌盛。

这一命名，从一开始便同时指向政治秩序与天下生民的长久安定，而非个人修行或宗教象征。

后世史书将“太平”记录为道号，是有意的错写。

唐代的崔融，用断句的方式，把太平公主的真实姓名，藏着保留了下来。

后来，又被非常聪慧的网友挖掘出来，并放到了网上。我和金龙确认过，李令月，确实是太平公主的名字，是他让崔融那么写的。

武曌的“曌”字，确实是武则天亲自创造的字。

其本意是：日月当空，照亮乾坤大地，护佑大唐江山，愿国泰民安。

“日”，取自李旦名字中的“旦”。

“月”，取的是“令月”的“月”，也就是李令月，太平公主。

在“日”“月”之下，加一个“空”，寓意“日月当空”。

她最爱的两个孩子——李旦与李令月，如同太阳与月亮，高悬于天，护佑大唐江山。

二圣同治的真正原因

唐高宗李治，是唐朝历代皇帝中，被后世史书最为有意、系统性弱化的一位。

在传统叙事中，他往往被描绘成“体弱多病”“性格懦弱”“政事无能”的君主，而“二圣同治”也被简化解释为武则天追逐权力、逐步掌控朝政的结果。这种解释，并不符合历史真实。

事实上，唐高宗李治是一位心胸宽阔、能力出众、文武兼备的明君。唐太宗李世民以治国能力与用人眼光著称，其在众多皇子之中最终选择李治为继承人，本身就说明李治的能力已经通过了极为严格的检验。

唐代的皇子教育制度，遵循“能力优先”的原则，而非单纯以嫡庶论高下。皇子无论出身，只要具备资质，便可接受完整、系统的宫廷教育；成年之后，通常还会被分派至全国各地，参与实际的地方治理。皇帝多子嗣的制度设计，本质上是为了构建一个覆盖全国的皇室行政网络。

在这样的制度背景下，李治能够从众多皇子中脱颖而出，说明他的政治判断、性格稳定度与统御能力，均获得了认可。他并非后世史书所描述的“懦弱无能”，而是在唐代对继承人所要求的多个核心指标上，完全合格。

武则天出身于隋关陇贵族杨皇后与唐太宗李世民一系中，唯一存活的直系子女。由于杨皇后其他子女皆早夭，武则天自幼便处于正室家族权力结构的核心位置，其成长环境与教育规格，明显不同于一般皇室女性。

她所接受的教育，并不局限于礼仪与典籍，而是涵盖史学、制度、天文、地理、军事、财政、边疆治理等更接近国家继承人层级的内容。同时，她精通多种语言，具备极强的外交能力。

关陇贵族，并不是普通意义上的“地方豪族”，而是一种军事、血统、政治三位一体的统治集团，是当时最具影响力的政治集团之一，这也决定了武则天背后拥有极为强大的政治与军事资源。

武则天本人性格刚强而睿智，心智极其敏锐，治国能力亦异常强悍。她并非依附于皇权而存在的“辅政者”，而是一位能够独立承担国家治理重任的统治者。

在实际的治国实践中，李治与武则天并非主从关系，而是一种高度互补、分工协作的状态。两人在政务判断、制度运作与整体战略层面形成了近乎“双剑合璧”的格局：一方统筹大局、稳定制度，一方处理细务、推进执行，彼此支撑，彼此制衡。

在当时的历史条件下，面对罗马帝国的渗透与入侵，一个皇帝已经不足以应对唐朝所面临的内外压力。庞大的疆域、复杂的官僚体系、持续变化的国际局势，使得最高统治层必须保持近乎全天候的运转状态。二圣并行，并非权力扩张，而是一种高强度治理需求下的必然结果。

可以说，正是李治与武则天几乎日夜不停的协同治理，才构成了当时大唐政权得以维系与延续的核心支点，也是在动荡世界格局中守住帝国根基的重要原因。

当时的唐朝，并不像现代想象中那样封闭、落后或信息不畅。恰恰相反，在制度、理念与技术层面，唐朝远比后人想象的要发达。它并不处于一种“闭塞状态”，而是深度嵌入了当时的世界体系之中。

唐朝与几乎整个已知世界保持着持续的贸易往来。中国物产极其丰富，本身并不匮乏，但世界各地都高度依赖来自中国的产品——药材、丝绸、衣物、麻织品、棉织品、家具、珠宝、珍珠等，源源不断地向外输出。这种贸易结构，在本质上与现代全球贸易格局并无二致。

贸易的高度流通，也意味着信息的高度流通。唐朝并非只是“做生意”，而是通过商队、使节、僧侣及各种跨区域往来渠道，持续获取世界范围内的政治、军事与社会情报。无论是国家层面的权力变化，还是地区性的局势波动，朝廷都能够获得相对完整、并不断更新的信息。

这种信息网络，并非一朝一夕建立。早在李渊、李世民时期，唐朝就已经开始向世界各地派遣使节，建立长期、稳定的联系。而正是通过这些渠道，一个极其严峻的现实逐渐浮出水面。

当时的世界局势，对唐朝而言，已经极度危险。

罗马帝国在并不算漫长的时间内，几乎完成了对世界范围的征服。欧洲、非洲、埃及、印度，以及其他大片区域，先后被纳入其势力版图。甚至像印度这样一个长期坚守佛教传统的大国，也早在唐朝出现之前约两百年，便已被彻底征服。

在当时的世界格局中，真正仍然保持完整主权、尚未被全面吞并的国家，几乎只剩下唐朝一个。

从世界各地反馈回长安与洛阳的核心信息是：全球权力结构已经发生根本性转变，唐朝正站在被全面吞并的边缘。

在这样的背景下，李治与武则天逐渐形成了清晰而一致的共识——他们不能内斗，也不能分裂权力结构。任何形式的内部消耗，都会直接削弱唐朝在外部威胁面前的生存能力。

李治和武则天的背后，都拥有极为强大的政治与军事力量。单凭任何一方，都无法独立应对来自罗马帝国的整体压力。只有将这两股力量整合为一个高度统一、协调一致的统治核心，唐朝才有可能在外部压力之下存活下来。

李治的心胸，能够欣赏并接纳真正强大的人，不惧其锋芒。武则天本身极强——无论心智、意志，还是政治与军事判断力，皆远超常人。

因此，李治与武则天的婚姻不仅是政治上极具战略意义的“强强联手”，是李家与杨家这两大关陇贵族世家在政治与军事层面的延续性结合，也是一种建立在真心相知之上的并肩关系。

正是这种双重基础，使“二圣同治”得以长期稳定运作，成为唐代政治史上极为特殊、却又高度高效的一段时期。

“二圣同治”并非权宜之计，而是在极端国际环境下形成的一种战略选择——

一致对外，共同御敌，尽可能延缓、阻止大唐被征服吞并。

这，就是二圣同治出现的真正背景。

李渊和李世民打下了大唐的江山，李治与武则天治理了大唐的江山，太平的一生，则是倾尽全力守护了大唐的江山。而李隆基，却亲手将大唐的江山拱手送出。

这世间，极少有人真正了解李治这位皇帝。他是一位有大爱的人。他的爱，始终以国家社稷、大唐子民以及保护身边的人为原则与基础，并且超越了个人的情绪与喜恶，是一位极其睿智、心地善良、勇敢无畏的帝王，一位真正的勇士。

正因为有这位皇帝，才有了继李世民之后的大唐盛世，也才有了与武则天同治的盛世。放眼世间，又有哪一位皇帝，能有这样的心胸与慧眼，与自己的妻子不因权力膨胀而争夺，而是共治天下？

纵观整个中华历史，只有这一位皇帝做到了；而整个中华历史，也唯有大唐那一段时期，真正称得上是“大唐盛世”。

CHAP 4 太平的童年

太平的童年

太平出生在夏天，是个狮子女，是大哥李弘亲手带大的。

太平住在母亲武则天的宫中，小时候见父皇李治的机会并不多，更多时间见到的是母亲。但即便如此，武则天大多数时候都在处理政务，阅读卷宗、与大臣议事，很少有完整的时间陪伴孩子。

太平一出生便展现出极为出色的身体条件。她肺活量极强、抓握有力、视力敏锐，发育明显快于同龄婴儿。大约三个半月开始爬行，九个月能够走路，一岁左右便能清楚表达自己的需求和想法，不哭闹。

很早开始，她便被纳入高强度的学习安排，内容包括语言、符号、颜色、形状以及各种基础能力。到四岁时，她已经能识别约一百个文字符号，并掌握了基本礼仪，如端坐、行走、在正式场合行礼和鞠躬等。

李弘带娃，是非常认真靠谱的。除了国事和领军在战场冲杀之外，都守在宝贝女儿太平的身边。

太平还是婴儿的时候，太子李弘就经常把她用一块大布牢牢系在自己胸前，在宫中行走、巡视、骑马，都带着这个宝贝女儿。太平自襁褓起便随着马步起伏，所以很熟悉骑马的节奏。

再大一点，李弘让宫人制作了类似现代婴儿背带的袋子，手脚和头部能够露出。骑马时就把太平像个小挂件一样挂在胸前，太平很喜欢。李弘一把她装进那个袋子，她就知道要带她出去玩儿了，骑大马，高兴地转圈圈。

太平的第一把剑，是三岁时李弘为她专门打造的一把木剑。太平非常喜欢，经常手中高举这把小木剑，在宫里跑来跑去。所以宫里面经常看到一个很滑稽的场面：一个小女孩，高高地举着一把小木剑，手脸脏脏，在前面飞奔，一群宫人在后面追。

三岁，太平开始正式学习骑马。李弘为她特制了小型马鞍，固定双腿，不会滑下来。

六岁学习骑射，太平的骑射是大哥李弘亲自教的。

不到八岁，便骑上了真正的战马。小小一只，却坐姿笔直，眼神坚定，像个小战士，跟众皇子和宫里的骑兵一起训练。

太平的性格与武则天极为相似，飙悍、勇敢而聪明，几乎像是武则天的翻版。所以李弘看着太平，经常会有种错觉，仿佛自己正在重新抚养一个年幼的武则天，一个缩小版的武则天。

太平每日要接受高强度的学习与训练，非常辛苦，但她不抱怨。太平心性骄傲、刚强，一定要把每一样都做得最好，最希望父母跟大哥为她骄傲。

李弘心疼自己的宝贝女儿压力会太大，每天都抽时间带她出去放松，跟太平玩儿她喜欢的游戏，如躲猫猫、骑马、观鸟、赏花。因为李弘知道，玩耍和休息与学习训练同样重要。

李弘是在单纯地享受养女儿的快乐。

武则天则对太平非常严厉。她并不只是单纯地在抚养一个女儿，而是在为大唐培养一位未来的统治者——一位在国家危难之时，能够治国理政、统领三军、带领大唐走出险境的君王。因此，武则天对太平的要求近乎苛刻，凡事都必须做到最好。

大哥李弘有一种超能力，小太平几乎只要一靠近他，就能睡着。不管外面多吵，宫里、朝堂、军营，不管在哪里。只要靠在大哥身边，她都能睡得很安稳，特别舒服，也特别安心。

李弘对这个女儿没有任何要求。在他眼里，太平是上天给他的礼物，是最完美的，没有任何需要被改变的地方。在他眼里，太平没有好与坏，也没有极端。她的一切都应该是她本来的样子，她就应该是这个样子。他爱的是这个样子的女儿。

他对太平的爱是没有要求的，不需要回报，也没有任何附加条件。他唯一希望的，就是小太平快乐、安全。从太平出生，一直到李弘离开的那一天，他对太平的爱从来没有变过，是非常完整的，没有缺失的。

所以，在太平的一生当中，唯一一份真正无条件的爱，就是大哥李弘给的。

小太平从出生到生命结束，一直背负着过多的期望，这些期望也带来了沉重的压力。

她这一生并不缺爱。李治、武则天、兄弟、朝臣、三军将士，以及大唐的子民，都在爱着她。但这些爱对太平而言是厚重的，是责任，也是重量。

她的童年既幸福，也很辛苦。她被父母和大哥疼爱，同时也被要求比同龄人学得更多、做得更好。

只有在大哥李弘面前，她才能真正放松下来。在他身边，她是完全没有压力的。

大哥李弘，是唯一一个让太平感受到无条件之爱的人。

宫廷的生活，远比外面的世界凶险得多，在大哥那里，始终是太平最安全的地方。只要他在，她就会被完全地保护，就会感到安心，也不必证明自己，不必害怕被责备，也不需要隐藏疲惫，可以完全做自己。

童年里最深的记忆，是偎在李弘怀里，听着他的心跳，感受那种安全与温暖。这份深入骨髓的记忆，一直延续到了这一世。

太平在李弘温暖而稳定的陪伴中，幸福地长到十二岁。

宫中的学校

唐朝的皇帝子女众多，妃嫔也极多。除了皇后之外，妃子数量往往成百上千。太平到了上学的年纪，也开始进入宫中的学校体系。

宫廷里皇子、公主的数量，远远不是史书上记载的那几个，而是按“群”来计算的。这实际上是皇家的一种策略——皇帝大量纳妃，目的就是从全国范围内挑选最优质的女子，延续皇族的血脉。

当时的制度是：皇帝会派人到全国各地的村落、城市、乡镇，挑选最漂亮、最聪明、品行最佳的少女入宫；皇亲国戚之中，也会挑选最优秀、最有能力的女孩子入宫为妃。这些妃子中，有许多人实际上只被宠幸过一两次，却也可能生下孩子。因此，皇帝的子嗣数量极其庞大。

皇后与妃子所生孩子的教育制度相似，却并不相同。

皇后所生的孩子，属于“正宫血脉”，是未来最有可能继承皇位的皇子，教育要求比妃子所生的孩子更为严格，也更具皇权属性。

妃子所生的孩子，则会根据自身条件与能力分级、分类培养。宫中会持续观察每个孩子的性格与品质，判断他们是否具备治理国家的潜质，再依据能力高低，实施差异化教育。

因此，正宫所生的孩子，与妃子所生的孩子，是分开教育的。

太平年幼时，是与武则天所生的皇子们一起读书、训练的——包括大哥、二哥、三哥、四哥，属于特别设立的班系，专门用于培养未来统治者。

但这并不意味着妃子所生的孩子就没有价值。恰恰相反，宫中会从中挑选能力出众者，给予高规格的文武全才教育，将他们培养成治理地方的栋梁人物，再分派至全国各地，与当地官员势力联姻，铺设并巩固整个国家的统治网络。

宫中的学校，本质上是一个大型的“选拔场”。

整个皇宫的教育体系，本质上是一个巨型的“筛选系统”。每一位皇帝的孩子——不论是皇后所生，还是妃子所生，都必须毫无保留地展现出自己的天性，而不是像现代普通教育那样，被要求整齐听话、压制个性。

皇宫教育的逻辑恰恰相反：必须让孩子们释放本性；观察他们在各种情境中的自然反应；观察他们遇事时的决断能力与胆识。其目的，是对每一个孩子进行全方位评估，从中选出未来可能承担国家治理重任的人才。

太平，正是在这样的环境中成长起来的。

她的性格与武则天极为相似，倔强而坚韧。无论学习还是训练，她永远是最刻苦、最辛苦、被要求最高的那一个，却从不抱怨，天生性格强悍，几乎是武则天的翻版。

所以古书中所说“太平最像武则天的孩子”，并非虚言。

金龙择主

昆仑山在华夏历史中一直带着神秘色彩，几乎被视为神话般的存在。地理上的昆仑确实存在，但直到今日，其中一些区域仍然是无人能轻易进入的禁区。二圣时期，昆仑深山里的一条龙产下了三枚龙蛋，颜色分别为金、绿与黑。其中那颗带有金色斑点的蛋，被视为至高血统的象征——因为龙有阶层，所有龙中，金龙的地位最尊贵。

昆仑山的僧人们在深山中进行了许多仪式，以烟熏与呼吸的方式进入出神状态，使灵魂离体，与金龙的意识交流。在那些心灵对话中，金龙表达得十分明确：它将与大唐的一位统治者缔结契约，并会护佑大唐，使王朝不至覆灭。这份灵魂契约会跨越一生，甚至延续来世。

得到金龙的启示后，昆仑掌门授意，派一位僧人下山，面见大唐的两位皇帝李治与武则天。

僧人告诉二圣，金龙即将显世，且这条金龙会选择他们中的一位子嗣，一同保护大唐。金龙不仅有飞行能力，还有预知与洞察未来的力量。这位金龙将来在大唐遭遇外敌侵略、局势危急时，会成为保护王朝的强大盟友。

二圣听闻此讯十分欣喜，因为这一预言早在太宗李世民时代就有了。当年昆仑高僧打坐时，看到未来大唐将遭受来自罗马帝国的侵蚀，一条金龙将出现，选择李治与武则天的一个孩子来共同守护大唐。当时的李世民正处在与“罗马帝国”外敌交战的压力之下，因此信心大增，上天终于看到了他护卫大唐的艰难，也愿意出手相助大唐。

这项预言延续了约二十多年，直到昆仑山的僧人传来讯息，传说中的金龙即将现世。二圣对此欣喜万分，因为这意味着天命将成。

之后，僧人与皇室之间持续书信往来，汇报金龙蛋状态：是否安全、是否稳定、何时运抵洛阳等等。金龙蛋到达前，皇帝已派使者通知诸侯与宗室，择日入朝参加金龙降世大典。于是皇宫提前准备，安排住宿、调集厨师、增加侍卫。约二十四、二十五家重要皇族陆续抵达京城。

在金龙预计破壳的两三周前，二圣派军护送僧人将金龙蛋运抵洛阳皇宫。金龙蛋被放在木托盘上，由四个人抬着进入殿中。二圣将金龙降世视为关乎王朝命运的存在，即刻加强戒备，重兵看守。

两周后，金龙蛋开始出现裂痕。殿中禁军昼夜守卫，僧人也继续与龙魂沟通，确认破壳的确切日期后，二圣随即召集所有皇家贵族进入大殿，等待金龙破壳择主。

大典当天，金龙蛋被放置在正殿中央。当蛋壳响起敲击声、裂纹扩大时，大殿寂静无声。金龙蛋缓缓打开，一条通体金黄、三四米长、具有翅膀的幼龙破壳而出。金龙降生后环顾四周，先望向武则天，摇了摇头，不是她。然后又望向列队的皇子们，最后停在了一个女孩身上——六岁的太平公主。

当时小太平躲在兄长太子李弘身后，只好奇地露出一个小脑袋，紧张地看着到底发生了什么事。金龙绕过太子李弘，一跃来到太平面前，直接用爪子抱住她。小太平被吓得尖叫，但下一秒，她突然安静下来，因为金龙开始以心灵语言跟她说话。这时，大哥李弘往旁边退了一步，就这样站在一边，看着金龙双爪抱着六岁的太平。所有的人都听不到，金龙在对太平说什么。

金龙让她抬头，看着它的眼睛，对太平说："你为什么怕我？我不会伤害你的，我就是因为你来的。"在那一刻，太平脑中的松果体被打开，她与金龙建立起一条直接的心灵通道。随后金龙在她身上留下了象征灵魂契约的印记。那并不是"太平拥有金龙"，而是"金龙选择了太平"。

这个时候，所有的人都看明白了：只有被选中的人才能听见金龙说的话。太平公主，就是那位被选中的皇女。

在金龙蛋尚未离开昆仑之前，太平便多次在梦中见过金龙。太平的灵魂与金龙在来到这个三维世界之前，已立下盟约。

大殿中，人人震惊。

李治的震怒最为明显。他从未料到龙会选择他年纪最小、又是皇女的太平公主，甚至看都没看一眼其他的皇子。而且，太平还不是他亲生的。可他无法改变，在朝堂之上、在所有人面前、在天下人面前，金龙已经做出了选择。天命已定。在当时的男权社会，这个结果让他有点咽不下去。

真正松了一口气的人，是太平的生父——太子李弘。金龙选中太平的那一刻，他终于放下心来：他的小太平公主有人保护了，而且是高维、尊贵的金龙，她安全了。

他在梦中多次预见自己不会活得很久，最放心不下的始终是小太平。如今有金龙的庇护，就算他不在，也有超越凡人之力的存在守护他的宝贝女儿，他终于可以安心了。

武则天则是真心喜悦而骄傲。她一直认为太平最像自己，也最具统治者的气度。金龙的选择，印证了她的判断是正确的，是命运对她的回应。

而太平的兄长们，心情各异。

李贤从小就被灌输“你将来会做皇帝”的观念，因为宫中皆知，李弘虽被立为太子，但李贤才是李治与武则天的第一个孩子。亲眼目睹金龙的选择后，李贤愤怒不已，嫉妒到了极点。他无法接受金龙没有选择身为长子的自己，而是选择了年纪最小、且还是公主的太平。这让他感觉，自己在金龙面前、在整个朝堂之上、在天下人面前，都变得毫不重要。

与此同时，他也失去了一个千载难逢的机会——一个能够拥有金龙，以及金龙所象征的权力与力量的机会，那本应是足以让他统领大唐的权力与力量。

这个结果让他愤恨了很久，也成为他此后岁月里不断试图刺杀太平的一个极其重要的原因。因为他得不到自己最想要的东西——皇位、皇权，以及他认为金龙本应带给他的威严与力量。在他心中，这一切本该属于他，而不该属于大唐的任何一个其他皇子，尤其不该属于年仅六岁的太平——而且还是个公主，不是皇子。

李显则非常失望，因为金龙既然选择了太平，就意味着皇位无论如何都不会属于他。

李旦却松了一口气。他对权力从不感兴趣，最疼爱的妹妹被金龙选中，他在感到开心的同时，也从此不必担心被推向皇位，这对他而言是天大的好消息。只是，在今后的岁月里，即便李旦并不想当皇帝，还是极不情愿地“被迫营业”，当了两次。

金龙仪式后的庆典持续了两个多星期。宫中举行了盛大的宴会、祭祀、巡游与烟火庆典，并邀请百姓一同参与，因为这是整个大唐规模最大的盛典。盛典结束后，二十五个家族陆续返回各自的城市、封地与边疆，重新分散至大唐各地。

庆典结束的那一夜，人群散去，李弘与武则天终于得以独自相见。两人因太平被金龙选中而无比欣喜、自豪，心中满是骄傲——尤其是被选中的，不是众多皇子中的任何一人，而是小太平，而且还是个公主。

小太平连着两个礼拜被折腾得很累，一靠在李弘的胸前便睡着了，几乎立刻入睡。

之后，昆仑僧人留在宫中数月，教太平如何理解龙的思维方式，因为龙的意识结构不同于人类。但太平与金龙之间其实并不需要翻译——他们是通过意念与心灵进行沟通的。

太平与金龙之间没有秘密，几乎能在瞬间理解彼此的想法。这一点，当时的僧人也并不完全了解。

僧人当时隐瞒了一个真相：他们从一开始就知道，金龙会选择太平。若提前说出这个秘密，必然会引爆皇室与朝堂中的男权势力反弹，他们会毁掉龙蛋，使金龙无法降世。因此，他们选择保持沉默，直到金龙降世后，在大殿中央公开答案。

自六岁的太平被金龙选中之后，罗马帝国便开始频繁派人刺杀太平和小金龙。金龙的母亲以及龙族的其他成员轮流前来，暗中守护金龙与太平的安全。从那以后，小太平的安保不断升级，太子李弘更是眼珠子一样地看护着这个宝贝女儿。除了必要的上朝和国事之外，太子李弘都陪在女儿身边保护她，一直到太平十二岁。

这条金龙一出生就有两只翅膀，刚孵化时还不会飞，大约半年才学会拍动翅膀，勉强飞到太平头上的高度；约一年之后，就完全会使用翅膀，很自由地飞了。长成“成年龙”的过程，大概用了十年的时间。

金龙只吃鱼，而且只有小太平喂他才吃。任何人喂他，他都不吃，看都不看。任何人叫他，他也不回应。有一次，大哥李弘见太平在睡觉，想替她喂一下金龙，便拿了一筐鱼过去。金龙看都不看，也没有任何反应，只是等着。等小太平醒来，亲自喂他，他才开始吃。

就这样，小太平一口一口地把金龙喂大，一直到金龙成年。

到了太平十六岁那年，金龙已经完全成长为成年龙，体型庞大，又美得惊人——全身通体金黄，鳞片带着浅金色的光泽，跟阳光一样的颜色。

金龙在天空飞行时，维持在较高频率的能量状态，人类通常是看不见他的。

只有当他愿意让人看见时，才会降低自己的频率，让形体显现于众人眼前。他会将身体的颜色变成金黄色，非常纯粹、非常明亮的金黄，与周围的颜色形成鲜明对比，因此可以被清楚地看见。

而当他不想让人看到的时候，就会把自己的颜色变得很淡、很淡，淡得像阳光一样。于是，即便他就在你面前，你也看不见他，因为他的颜色已经与阳光完全融在了一起。

成年后的金龙体型巨大，仅头部就有一米多宽，身长超过三十米。同时，他还能自由调节体型，随意变大或变小，穿梭于各维度之间。如果太平需要，金龙还能打开一道时空之门，带她瞬间转移时空。

金龙降世的第二年，唐高宗李治和武则天改年号“龙朔”。

从那年开始，皇帝的袍服上首次纹上了金色的龙。也就是从龙朔开始，唐高宗李治、武则天，还有当时仍健在的李世民，开始穿龙袍。

中国皇帝穿“龙袍”的传统，就是从那个时期正式开始的——龙袍上的金色龙形象，是来自太平与金龙缔结契约之后所留下的象征力量。

皇室开始将“金龙”视为天命、王权、护国与繁荣昌盛的象征，是一种“龙在，大唐不亡”的信念延续，也是皇家威仪的象征。

自太平去世之后，金龙再也没有现身于人间。从太平离世算起的一千三百年间，金龙从未再次出现。

后世的人们再也没有见过他，只能透过史书残页、民间传闻、皇袍上的金龙图案，去想象它昔日的存在风貌。

金龙的存在，成了传说。

上官婉儿入宫

上官婉儿的祖父上官仪，是当时朝中地位极高的一位宰相，但他非常反对女性当权、当政。那时正处于二圣时期，上官仪在治国理念上与武则天并不一致，他不认同女性作为国家统治者参与国家重大事务的决策，也不认同武则天的执政方式，因此双方产生了政治冲突。

上官仪确实曾试图将武则天从二圣的位置上拉下来，但最终是武则天获胜。上官仪并没有像史书中所写的那样被处死，而是被降级处理，从原本举足轻重的宰相，降为在朝廷中几乎可以忽略不计的职位。

因此，历史上所说的“上官仪被杀、满门抄斩，女眷被发配入宫为奴”的说法并不正确，上官婉儿也并非以奴隶身份入宫。

上官婉儿实际上是以一种示好与和平保证的方式被送入皇宫的。李治和武则天也选择接纳她，所以她的身份更接近于收养，类似质子。因此，她得以进入皇室的教育体系。

上官婉儿从未被当作奴隶对待，她所接受的学习与训练，基本与皇亲国戚子弟相当。她的饮食起居标准与皇室子弟一致，课程、礼仪也完全相同，文武教育都十分完善。虽然她不等同于皇子或公主，但她的地位绝非奴婢，而是一种被正式接纳进皇室体系中的贵族陪侍童女。

为什么上官仪的整个家族会选择把上官婉儿送入宫中？因为当时上官仪的家族由于与武则天、李治在政治立场上的对立，整个家族的政治前途已经变得极其危险。

为了自保，他们必须从家族中选出一位正室出身、且足够重要、最有潜力的孩子，以此来表示最高的诚意，来换取现实中的政治安全和保障。上官婉儿，是当时上官仪整个家族中最优秀、最出色、也最聪明的一个孩子。

在她进宫之前，家族中的长辈曾非常严肃地告诫她：

必须完全服从二圣的安排；

必须努力学习、认真做事；

绝不能让家族蒙羞；

她的所有行为，都关系着整个家族的生死兴衰。

上官婉儿就是带着这样的压力与使命，被当作示好的质子，送进了皇宫。因此她入宫之后，始终极其用功、自律而稳重。

初遇上官婉儿

太平小时候非常活泼好动，几乎什么都愿意学，但她最讨厌的就是跳舞，尤其讨厌上舞蹈课。每到上舞蹈课的时候，她就会想尽办法逃课。宫里的广场很大，于是经常会出现这样一幅十分滑稽的场面——一个衣着华丽，手脚和脸都脏兮兮的小女孩，手里高高举着一把小木剑，在前面拼命狂奔；后面，则是一大群宫女和太监气喘吁吁地追着她跑。

那个孩子，就是太平。

有一天，又到了上舞蹈课的时候。太平趁着宫人不注意，滋溜一下从桌子底下钻了出去，撒腿就跑。当然，身后立刻跟上了一大群人追她。她一路狂奔，一路东张西望，寻找可以藏身的地方。就在这时，她看到前面有几个小孩正蹲在地上，不知道在干什么。

于是太平挤了进去，把头探过去，想看看他们在地上看什么。左边的一个小女孩看了她一眼，随后往旁边挪了挪屁股，给太平让出了一点位置，让她也能挤进来。

接着，她瞄了一眼后面追过来的人，低声问道："他们追你干什么？"

太平喘着气，说："他们要抓我去跳舞。"

那个小女孩愣了一下，说："啊？你不喜欢跳舞吗？"

太平翻了个白眼，说："当然不喜欢啊，跳舞有什么好玩的？"

那个小女孩一脸不可思议，说："居然有人不喜欢跳舞？跳舞很好玩啊，我都学不到。"

太平一脸的惊讶，心想："啊？居然还有人喜欢跳舞？那么无聊的事情。"

她歪着头想了一下，然后对那个小女孩说："那下次她们再来抓我去跳舞，我就叫她们来找你，你等着。"

这时候，后面的人已经追上来了。

太平叹了口气，站起身来，说："我要走了。下次上舞蹈课，我就叫他们来找你。"

那个小女孩点点头，说：“好啊，可以。”

从那以后，每次要上舞蹈课的时候，太平就故意捣乱——不是打翻东西，就是弄坏物件，要不然就干脆坐在那里一动不动。教舞蹈的宫人对太平这个小魔王，又不能打，也不能骂，实在拿她没办法。后来，太平干脆给宫人出了个主意：“你去把那天跟我说话的那个小女孩找来。”

宫人把那个小女孩找来了。太平一下子就安静了下来。不过，她并没有真的认真地学，只是坐在一旁，安安静静地看着那个小女孩跳舞。那个小女孩天赋很高，学得非常认真，动作柔美流畅。太平就这样看着她跳舞，不再捣乱。

后来，因为太平一直看着婉儿跳舞，慢慢地，她自己也学会了，而且跳得很好。虽然她依然非常讨厌跳舞。

这个喜欢跳舞的小女孩，就是后来名动天下、大名鼎鼎的巾帼宰相——上官婉儿。

从那天以后，只要太平上课觉得无聊、想见婉儿的时候，就开始折腾。脑筋灵活的宫人，一看不对，立刻去把上官婉儿找来。婉儿一到，太平立刻就嘴角上扬，乖乖地坐在那里。次次灵验。

立刻就嘴角上扬，乖乖地坐在那里。次次灵验。

谁敢霸凌婉儿

上官婉儿比太平大一点，不到一岁。大概在太平七岁左右、金龙刚刚能飞的时候，发生了一件很重要的事情。

有一天，太平正在上课，突然听到外面有声音。她“噌”的一声，像离弦的箭一样窜了出去，从学堂里跑到外面。一看，发现有三四个高大壮实的男孩子正在欺负婉儿。其中一个男孩正在用手推婉儿，嘴里还骂她是“罪臣的孙女”。

婉儿低着头站在那里，身体在发抖，却倔强地咬着嘴唇，没有哭。

太平冲出去的时候，金龙就在她头顶盘旋着，大约离她头上一米左右。无论太平走到哪里，金龙都会跟着，从来没有离开过。当太平赶到的瞬间，周围所有的孩子都被吓得跪了下来。因为在宫中，没有人不认识这位被金龙选中的太平公主。

太平指着那个推上官婉儿的男孩子说：“你，起来，跟我打，打得过我，就当你无罪。”

那个男孩不敢起身，也不敢说话，只是跪在那里发抖。

接着，太平又转向旁边那个身材最高大的男孩子，对他说：“以后，婉儿你给我看着。如果再有人欺负她，我回来揍你。”说完，太平转身离开，跑着回去，继续上课。

太平离开的那一刻，上官婉儿还在发抖。她一边发抖，心里却充满了困惑与不解。

因为在进宫之前，六岁的上官婉儿就被家里人反复叮嘱：在宫里，如果被欺负，不能反抗；他们要打你，你也只能让他们打；如果他们要打死你，你也只能被打死。在皇族面前，你什么都不是，你根本不重要。如果你反抗，整个家族都会被灭门；你的任何反抗，都会成为上官家族的耻辱。

所以上官婉儿是背着整个家族的荣辱兴衰的重任，被当作质子送进宫的。在震惊之外，她又感到深深的羞惭。一个万众瞩目、像小太阳一样存在的太平公主，竟然会为一个什么都不是的人出头，为一个毫无价值、毫不起眼的小女孩出头，为什么？很长很长的一段时间，她都想不明白。但这件事，在她小小的心里，埋下了一个极其深刻的印记，并且影响了她很久、很久。

当时的整个过程，都被宫中负责看护的宫人记录了下来。

他们并没有出手阻止太平，因为宫廷教育——尤其是皇族的教育——本来就包含对孩子性格的观察与测试，目的在于发掘和评估他们真实的个性与潜在能力。

他们要看的，是这些孩子在面对冲突、危险与委屈时的真实反应，以及在各种环境和条件下的应变处理能力。这种反应，被视为评估一个人是否具备未来统治者能力的重要依据，还有他们将来在朝廷、军队，或地区可能适任的角色。

当天晚上，这些记录按照惯例被整理后，呈报给了武则天。

武则天听完之后，既惊讶又好奇——到底是一个什么样的小女孩，能让太平为她出头。

第二天，武则天便让人把大约七岁的上官婉儿带来见她。那是婉儿第一次进见武则天。

上官婉儿一进入大殿，武则天瞬间就明白了，为什么这个小女孩能够让太平安静下来。这个小女孩身上，带着一种极其稳定、沉静而有力量的能量场——这种能让人安静下来、情绪稳定的能量，是非常特殊而稀有的。

在充满纷争、政治斗争、混乱与危险的朝廷之中，这种能量能够让人安静下来，保持头脑清醒，思考对策，在平衡各方势力的同时，守护国家与疆土，是极其重要的。

面对武则天时，婉儿表现得异常冷静、沉稳、坚定，回答问题条理清晰，背诵诗词对答如流。

她的气质安静而稳定，思路十分明晰，与太平那种勇猛、好动、能量充沛、锋芒外放的特质形成了极其鲜明的对比，几乎是一文一武、完全互补。

武则天当即吩咐宫人，今后让婉儿与太平一同上课。“太平学什么，上官婉儿就学什么。”从那天起，上官婉儿正式成为太平的学伴。

太平所学的天文、地理、财政、军事，各种语言，蒙语、藏语、拉丁文、方言等等，婉儿都要学习；太平的体能训练与武功课程，包括骑马、射箭，婉儿也必须参加。

不过，婉儿与太平不同。太平需要的是全面的文才与武学；而婉儿虽然同样接受完整的文武训练，却更偏向于文采与学识，对文学与思想层面的内容有着更深的兴趣。

武则天的慧眼识人，加上上官婉儿自身的才华，以及顶级的皇室教育，最终造就了名震天下、声名显赫的巾帼宰相。

在大唐最危难的时刻，上官婉儿多次忠勇出手，救大唐于水火之中。

强抢上官婉儿

婉儿在十二三岁的时候，就开始帮武则天整理奏章、抄写文书，分担大量政务文案工作。那时武则天身边还有另外两名文书，也在做类似的事务，因为武则天的许多政令需要用三种语言书写，并不只是汉文。

所以，上官婉儿非常忙。

白天，她要与太平一起完成所有课程和体能训练；到了下午和晚上，还要继续协助武则天处理文书事务。上官婉儿一直处在高强度的学习与工作之中。这样，一直到了两人十四、五岁的年纪。

有一天，太平约了婉儿，可她等了很久，婉儿却一直没有出现。正当太平感到困惑时，有宫人前来禀报，说婉儿被尚宫府召走了。尚宫府，是专门惩戒犯错宫人的地方。

太平一听，心里一沉，暗道不好。她随手牵过马匹，直奔尚宫府而去，路上金龙已经告诉太平发生什么事了。到了尚宫府外，有士兵把守在门前。看到太平，仍按规矩上前阻拦，不让她进去。

太平一下子急了，当场拔出随身佩剑——那是李治在她八岁时赐给她的紫金剑，一把专为她量身打造、能随身携带的宝剑。当时朝堂上下，文武百官，所有的皇子皇女之中，只有太平一人被允许在宫中携剑随行，且无需禀报。因此，太平可以在宫中任何地方持剑行走。

太平握着剑，眼睛一瞪："敢拦我？！"

太平进去之后，看见婉儿跪在地上，正在受杖责。太平一见此景，勃然大怒，上前搀起地上的婉儿就走。

那名执杖的司祭连忙上前，向太平行礼，同时连忙解释婉儿都犯了什么错。太平脚步没停，继续扶着婉儿向外走。

执杖的司祭连忙挡住去路说："处罚还没有结束，杖责也还没有打完。"

太平"噌"地一下拔出随身宝剑，将剑尖抵在他的脖子上，冷声说道："你再说一遍。"

这个宫人没有办法，只能俯首让步，眼睁睁地看着这位无人敢惹的太平公主，把还在颤抖的上官婉儿带走了。

婉儿那天挨了不少板子，伤势颇重。

当夜，武则天听到尚宫府的汇报后，把太平召了进来，愤怒地责备说："这些宫人和官员都是各有职司、各负其责的人，你怎么可以擅自硬闯？而且还不听他们解释，就直接把人带走了。"

太平平静地回答："我当然知道她犯错了，不犯错她怎么会被打。如果被他们扯着讲道理，人就带不出来了。婉儿本来只该打十杖，却被加重到三十杖。这三十杖打下去，她至少半个月都爬不起来。你不是也需要她帮你看奏折、处理文书吗？"

武则天听完之后，心情着实有点复杂。

一方面，她忧心太平性烈如火、不拘礼法，竟敢独闯尚宫府，拔剑威逼行刑的司纪，行事确实过于大胆；

但另一方面，她内心又暗暗松了一口气——还好，太平把婉儿救出来了。

在这个每天都险象环生的宫廷之中，身边心腹的忠诚度至关重要，有时甚至直接关系到皇族的生死、社稷的安危。若是身边的心腹因惩罚过重而心生怨气，就有可能不再全心全意地为大唐、为武则天效命。

所以武则天也是很庆幸，还好，太平把她抢出来了。

其实，武则天对太平今日敢于动剑、强行将婉儿带走，内心是既骄傲又欣赏的。这个女儿的行事风格，太像她自己了——有勇有谋，果敢决断，仗义护友，敢破礼法。

武则天当初将上官婉儿安排在太平身边，并不只是单纯让她做太平的学伴。这个女儿性格刚强、宁折不弯，却愿意听婉儿的话，甚至会采纳她的意见。这对武则天而言，是一种能够影响、平衡太平的重要方式。

在统治者眼中，最重要的是国家的延续与生存，皇子皇女，皆是国家布局的一部分。婉儿既是太平愿意为之出头的人，也是能够牵动太平情感的存在。她既可以帮助太平，同时也是太平的弱点。

武则天同时也看中了婉儿本身的聪慧与能力。她不只是为太平安排陪伴者，也是在为大唐培养未来的栋梁。武则天的判断是完全正确的。太平刚猛果断，婉儿沉稳清醒，一文一武，性格与谋略天然互补，是大唐最需要的强悍组合。

随后的岁月里，两人一同成长，情谊深厚，如同姐妹；同时也是彼此最信任、最坚实的盟友，从未背叛过对方。

太平１２岁的誓言

太平十二岁的一天，母亲武则天把她叫到身前，告诉她，大哥李弘被谋杀了。

因为罗马帝国要抢夺大唐的土地，为了赢下这场战争，他们先杀了三军统帅——太子李弘。

太平听到这个消息的那一刻，没有流泪。

她感受到的，只有愤怒。那是一种几乎要冲破身体的愤怒，像火一样在体内燃烧，无法压制，也无法冷却。

罗马帝国为了征服大唐，谋杀了她最爱、最信任的人。

在太平心里，李弘不只是大哥，更像父亲一样将她养大。李弘就是父亲，只是她自己不知道而已。

那一晚，太平独自坐在殿前的石阶上，仰望着满月。月色清亮，圆满高悬。

她压抑着心里的愤怒，咬紧牙关，一字一句地许下了十二岁时的诺言：

“我太平发誓，

大唐失去的，我要一寸一寸夺回；

杀我大哥之人，我必亲手清算。

天地在上，与我为证！”

当然，直到离世，太平都不知道李弘其实就是她的父亲。失去大哥的愤怒与心痛，伴随了她一生，这条复仇之路，太平一直走到离世的那一天。

CHAP 5 太子李弘

李弘的真正死因

太子李弘的死，跟罗马帝国逼迫大唐，全面接受黄金本位的结算系统有关。

在隋唐很久以前，华夏就已经与全世界进行贸易，并非近代才成为所谓的“世界工厂”。自古以来，中国就是一个物产极为丰富的地方，国土大部分为植被覆盖，资源充足。华夏出产珍珠、丝绸、棉麻，以及各类家具和民生日用品，凡是生活所需，几乎一应俱全，并大量出口到世界各地，同时也跟罗马帝国做生意。

随着贸易规模不断扩大，罗马帝国开始施压，逼迫大唐接受罗马帝国的金本位制度，即取消以物换物，所有交易必须以黄金和白银结算。大唐当时黄金储量有限，白银也并不充裕。罗马方面便提出，可以向大唐“借出”黄金和白银，条件是日后以货物作为利息，连同本金一并偿还。

这一模式，本质上与现代的信用体系并无区别：先提供资金，再要求连本带息偿还，若无法偿还，债务便会不断累积。

武则天很清楚其中的风险。如果放弃原本运作良好的以物换物体系，转而依赖这种以债务、利息和信用为核心的外部金融体系，大唐的根基就会被锁入罗马的金融秩序之中，最终沦为对方的债务附庸。

因此，她坚决拒绝。一旦签署金本位和信用结算体系的相关协议，大唐所有正式贸易都必须使用黄金和白银结算，并伴随借贷和利息机制，这将从根本上动摇国家的经济主权。

罗马帝国与大唐曾进行过多次谈判，武则天和李治都始终态度坚决，拒绝接受罗马提出的条件。最终，罗马帝国下达了最后通牒：要么与罗马帝国签订所谓的《金本位条约》，要么就以武力对大唐发动全面战争，通过战争来征服大唐。

武则天对此断然拒绝。她不肯签署条约，不肯让大唐成为罗马帝国的附庸，更不可能让大唐的百姓沦为对方的债务奴隶。

武则天说："我大唐子民，宁愿跟罗马帝国决一死战，也绝不做罗马帝国的奴隶。"

三天以后，太子李弘在自己的宫中，被罗马帝国收买的一名婢女在茶中投下砒霜，毒发身亡。

太子李弘的军事才能极为卓越，对战局的判断与掌控能力极强，在当时被视为战神般的存在。罗马帝国与大唐的冲突长期不断，而每一次双方交锋，只要由李弘率军，大唐都没输过。

所以，只要李弘还活着，他们就打不赢大唐，难以通过武力夺取大唐丰厚的资源与土地。

罗马决定在与大唐全面开战之前，先除掉太子李弘，使大唐军队失去真正的核心指挥者，让三军群龙无首，再无一人能够有效统领全军。

罗马人收到确认李弘已经被毒杀的第二天，便发动了全面的进攻。之后的战争，大唐输得相当惨烈，失去了大约百分之五十的疆土，其中包括当年李世民时期收复并控制的蒙古、西域以及新疆的大部分地区。

用一个更直观的对比来说：当年唐高祖李渊将天下传给唐太宗李世民之后，李世民不断扩展大唐疆域，版图在他手中翻了一倍。那一战之后，失地大约占到既有版图的百分之五十，几乎退回到李渊初建唐朝时的规模。

这场惨败，发生在“二圣临朝”的时期，当时太平十二岁。

当时，武则天没做任何隐瞒，将太子李弘的死因，毫不回避、直接了当地告诉了太平，没有安慰性的修饰，也没有刻意淡化残酷的部分，而是把全部事实如实说出。

武则天告诉太平：“罗马帝国为了夺取大唐的疆土，为了让大唐屈服在他们的黄金条约之下，派人用砒霜毒杀了你的大哥李弘。如果他活着，罗马人就夺不走我们失去的那些土地，因为他跟罗马人的大小战役从未输过。他们惧怕他，所以买通婢女毒死了他。”

今世的大哥李弘

想起来我曾经是谁以后，我终于明白了，为什么我这一生始终不肯被各种各样的束缚捆绑，尤其是婚姻。

同一个灵魂，同样的能量，做出的总是相似的选择，只是背景不同、时代不一样而已。

我终于明白了，这一生遇见的人，似乎都不是我要找的人，都不是我上一世——太平发誓一定要找到的那个人。

那些皮囊之中承载的灵魂，没有一个是大哥李弘。直到一年前，我终于找到他了。是在屏幕上。

那天，我随意翻着小红书，突然看到一个身穿白色、镶着金边古装的人，在草原上策马奔腾。看不到脸，只看到背影。

我“噌”地一下从椅子上蹿起来，大声说：“我也这么骑过！我也这么骑过！我认识他！我认识他！”

那一刻，我一眼就认出来了。我的灵魂认出了大哥李弘。

那是我灵魂记忆里最熟悉的画面——骑马、射箭，还有他看马儿时，那种带着疼爱与溺惜的眼神。

因为从前，他就是用这样的眼神，看着自己最宝贝女儿的。还有当时三部曲首映时，自己人被欺辱、不让进门，他脸上那种凶狠、愤怒的表情，我都见过。

就是他。不会错。

三部曲电影选择他来演主角，不是因为在一万人中挑中了一个“合适的演员”，而是只有他，才能把那个人物自然地呈现出来。那本来就是他灵魂的一部分。那个角色的情绪、重量与气场，他都真实经历过。

骑马、射箭、骑射这些动作，都是他自身的灵魂记忆，很轻松、很自然地，再一次回到了身体里。他自创的速射箭法，是他以前就用过的，也教过小太平。对一个真正的战神来说，骑马射箭只是最基本的能力。

从未真正做过大唐的太子，从未真正统领过千军万马，灵魂里没有那样的经历，是演不出那种能够统御大军的气魄的。

所以，在那一万人之中，没有任何人比他更合适。

在新疆拍摄骑马奔驰的那一段，在大唐时期，他就曾骑马经过那里。就在同一片土地上作战，左肾位置中箭，仍带着箭伤策马返回阵营。

那一幕真实发生过，就在那个地方。所以这一世凌晨拍摄的那场戏，一条就过，不过是把当年的场景再走了一遍。

不同的是——上一次，他带着箭伤。

大哥病了。

大哥病了。他在上海出席一场发布会，身穿一身白衣，强撑着拍照。

我说：“Sunshine（金龙），大哥病了，都不能休息，你能不能帮帮他？”

Sunshine 说：“帮不了。他只能自己帮自己。”

我又问：“那他自己有没有龙？”

Sunshine 说：“有。他有一条蓝色的龙，曾经来找过他。”

“但他身前有一个非常巨大的能量阻塞（Energy Block），把他整个包在里面，也把那条蓝色的龙挡在外面。那条龙试了很多次，进不去，没办法，走了。”

Sunshine 还说：“因为他生病了，喜欢他的人、他的粉丝，都在不停地给他送能量。可是他周围，有四个专门用来吸取能量（siphon energy）的装置，所以那些能量一到，几乎全部被收走了。大量的能量，他一点都没收到。”

我说：“那怎么去掉能量屏障？”

Sunshine 说：“用意念，用愿力，态度要坚决。可以大声说，也可以在心里默念：‘我命令这个禁锢我的能量阻塞，从我面前消失。’然后想象这个挡着你的能量屏障，在你面前消失了，没有了，你自由了。”

“一定要用命令的方式，不能用祈求的方式。这件事只能他自己去做，别人帮不了，也替不了。他必须自己渴望冲破牢笼，要坚定地相信自己能做到，因为自己是神的一部分。”

Sunshine 接着说："他一共有三条龙。一条是蓝色的，代表智慧；一条是棕色的，带着很多条纹，作用是让他定下来、稳住；还有一条是黑色的，黑色代表的是一种非常强大的力量。"

"因为那条蓝色的龙冲不过去前面的能量隔断层，所以它回去找了另外两条龙，一起在梦里帮他。现在和他合作得最紧密的是那条棕色的龙。这和接地气有关，因为他太不接地气了，太忙了，天上飞得太多。"

"他的龙只能在他睡觉的时候来。可是他现在的睡眠也有很严重的问题。"

"人只有在深度睡眠的时候，才能进入 Delta 状态（δ 状态，脑波）。被关在肉体里的灵魂，才可能逃出来一段时间，接触到更多潜意识。一般人一整晚应该可以有八次进入 Delta 的深度睡眠状态，但他最多只有一次，大部分时间都停留在 Alpha，一种很浅的睡眠状态。我都很奇怪，为什么他还没有疯掉，还能是一个精神正常的人。"

Sunshine 继续说："你在书里一定要写清楚，让他小心晚上睡觉之前喝的东西。那些饮品看起来像是在帮助他睡眠，其实不是。它们只是让他停留在 Alpha，而不是 Delta 的深度睡眠。"

"如果他要喝东西，不要去常去的地方买，要去不认识的地方，找新的店买。也不要喝认识的人递过来的东西，因为里面可能被动过手脚。"

"他的三条龙都在帮他，但它们也只能在梦中帮助他。所以他必须能够像普通人一样进入深度睡眠，一晚能多次进入深度睡眠，这样他的龙才能更多地帮助他。"

Sunshine 说：“还有最重要的一点，必须写进书里让他知道：你所相信的，不一定是真的。”

“我们都是从源头而来，我们的灵魂是不能给出去的。灵魂就是你自己，你是源头的一部分，我们是神的一部分，没有人可以把神给出去。”

“任何人说，你可以把你的灵魂给出去，都是骗你的，不要相信。”

“我们的灵魂不是这个假的神（Demiurge）给的，而是来自真正的源头，是真神的一部分。没有人可以拿走，也没有人可以给出去。”

“重要的事情说三遍：

你永远不可能把你的灵魂给出去；

你永远不可能把你的灵魂给出去；

你永远不可能把你的灵魂给出去。”

我说：“Sunshine，他能不能看到这本书？能不能找到我？”

Sunshine 说：“他一定会找到你。你们从来没有断过联络，已经非常频繁地出现在彼此的梦里了。他一直都有在找你。在梦里面，就好像囚犯放风的半个小时，你会去找那个最爱你的人。只是醒来之后，大多都不记得了，只留下情绪的波动，不知道为什么会有这样的情绪。”

我：大哥，你一定会找到我的，一定会。如果我没有回应，绝对、绝对不是我不想回你，而是我没有收到你的信息，因为你身边的人不希望你找到我。所以不要放弃，不要放弃。你一定有办法找到我的，一定有。

Sunshine 又说："灵魂契约，是可以被打破的。"

生生世世，还是我的金龙最懂我，没有之一。

打破灵魂契约，龙，超能力

我们被清除记忆，重新送进矩阵、重新轮回之前，被要求先签一个灵魂契约，也就是所谓的生命蓝图。随后，我们的记忆会被完全或部分抹掉，然后再被送回矩阵之中，继续轮回。

这个签下的灵魂契约，就是这一生要经历的一切——人生路径、时间节点、重要事件，会遇见什么人，会发生什么事，会做出哪些选择，都会被写进这份灵魂契约里。但这些灵魂契约，和买房、买车时签的那些合同一样。表面上写的是大家都能看懂的内容，实际上却藏着大量细碎、隐蔽的小条款。这些条款，让这个矩阵可以彻底地控制我们。

在进入这个矩阵之前，在记忆被抹除之前，本质上我们是在被欺骗的情况下签下这些灵魂契约的。

而这些灵魂契约之所以必须存在，根本原因，是宇宙有自己的法则。

按照宇宙法则，我们必须“同意”这些条款，这个三维矩阵的主人：Archon，才有权限把我们放进这个矩阵里。

如果我们不同意，如果我们拒绝签约，这个矩阵的主人、管理者，就无法将我们送入其中。所以，他们选择欺骗，用诱导、误导的方式，让我们在不清楚、不知情、不真正理解所有琐碎条款的情况下，签下了这份灵魂契约。

顺便说一下，我们现实生活中的这个矩阵世界里，是有大量的NPC 的。这些人没有灵魂。仔细看他们的眼睛，眼睛后面是空的，什么都没有。他们不会自我审视、评估和纠错，走的是一套固定程序。他们的存在，是这个矩阵控制系统的一部分。可以把地球想象成一个大型的停车场，大部分的车是自动驾驶的，只有少数的车是有人在驾驶。

如何打破灵魂契约：只有先在能量场上，打破这种欺骗性的灵魂契约，现实生活才会开始改变。方法如下。

大声念，也可以在心里默念，态度一定要坚定。要相信自己一定可以做到。一定要用命令的方式，而不是祈求的方式。两者的区别在于：一个有用，一个没用。

“凡是我曾经有意或无意签下的、将我束缚在这个循环中的一切契约，我现在一并全部撤销。只允许真实，只允许源头，只允许最初的光继续存在。”

然后在脑海中想象所有的灵魂契约，把它们全部撕掉，撕成碎片，再丢到身后。可以反复做，也可以隔一段时间做一次。

跟自己的龙沟通

从 2024 年甲辰年开始，地球正在扬升，能量在提升，频率也在提升，大量的龙从高维度，在这一年里进入了我们的这个三维空间。

因为接下来，我们所有的灵魂体，需要面对的是身体层面的变化，以及开启与高维度沟通的能力，还有其他曾被拿掉的超能力。他们来到这里，是为了协助我们这些能量体，在这个极其重要的阶段中顺利过渡，最终能够继续跟随地球，与整个能量场一起扬升。每一个能量体，都有一条或多条龙，会根据每人自身的需要，以及与你自身的能量匹配而来。我们每个人，都有属于自己的龙。我们可以尝试与自己的龙沟通，它们会帮助我们，一起跟随地球和整个能量场持续扬升。

解锁自己的超能力

举个例子。现在控制明星最常用的方法，就是恐吓。如果你不照他们说的做，第二天就会被各种负面新闻淹没——比如被说成同性恋、强奸他人、犯法，或者威胁让账户一夜清零（当然，如果把一部分资产挪到海外账户，他们就碰不到了）。

这种龌龊的手段，并不是近几十年才开始的，而是延用了上千年。现在的 AI 造假技术已经非常成熟，声音和影像都可以做得完全以假乱真。明明什么都没做过，可影片一做出来，别人看到的，就成了你。

所以，当我们看到各大媒体和新闻网络，某个如日中天的大明星，突然被爆出负面新闻，大概率，是因为这个明星不肯与邪恶同流合污，宁愿身败名裂，也不肯向他们低头。

这些统治者之所以能做到这一点，是因为在能量场层面，利用了我们的善良，牵制了我们情绪的走向。我们大多数人在看到这些负面新闻时，第一反应就是指指点点，却完全不会审视自己是不是一个完美的人，有没有做过错事，有没有资格去嘲笑和蔑视别人。

当我们把这些负面能量散发出去之后，他们就会把能量收集起来，再加以利用，恐吓明星的目的也就达到了。如果我们所有人，都不去认同这种龌龊的手段，无论是大声说，还是在心里默念：

“我不同意你们用这种卑劣的方式，让她或他身败名裂。”

只要有足够多的人这样做，在能量场上，这种卑劣的手段就会失效。

因为我们大多数人，散发出去的是不同意的能量，是扭转的、不妥协的能量。

那怎么判断这个人是不是清白的？看他的眼睛。如果他的眼睛明亮、清澈，那这个人大概率心地纯净，善良而无畏。同时，用心去感应，去感受这个人的能量场。高能量的人，他的磁场是清亮、发光的。

如果经常训练自己，用心去感受这些能量，在这个地球扬升、能量提升的阶段，很可能有一天会发现——我们解锁超能力了。

这只是开始而已。在接下来的很多年里，会有越来越多的人觉醒，越来越多的人会回忆起自己前世是谁。也许也曾在唐朝生活过。也会越来越明白，为什么有些事情会发生，为什么会遇到这些人。

我们对这个世界的看法会改变，

我们的现实生活，也会发生质的变化。

CHAP 6 大唐三军统帅

诸将二十四试太平， 花木兰

太平十七岁的时候，被要求接受一项统领三军的测试。从太平六岁被金龙选中的那一刻起，这件事就已经被决定了——不论太平是否愿意，她将来都必须接受这项测试。这是大唐皇室专门设立的一套制度，用于皇子在统领三军之前的考核。所有皇子若想手握兵权、统领三军，必须通过这一测试。

这项测试并不考身份，也不是只要几路将帅表示同意就可以决定的。它考的，是皇子是否真正具备统帅三军的资格。因为带兵不仅仅是指挥军队行动，他同时手握全军将士的性命，也关系到大唐社稷的安危。军权之所以重要，是因为它关乎国运。因此，军权交给谁，必须非常非常慎重。

这套测试并不只考智力、武功和骑射等最基本的能力，它还要通过一系列人性的考验，来判断这位皇子的品行、心性与意志力，是否配得拥有军权。考试包括在危难来临时，是否能够冷静面对；面对艰难选择时，是否具备足够的勇气与担当可能出现的后果；在军中能否做到公平、公正；能否与军中将士同甘共苦；以及能否爱兵如子，视将士为兄弟，而不是随意消耗的工具；在生死关头，能否以大局为重，以全军将士的性命作为决策基准，同时兼顾大唐社稷的整体利益，还有更多。

在体能上，对身体的要求同样非常残酷。不仅要达到全军将士都必须完成的最基本体能标准，还必须比他们做得更好。军队不是朝堂，军队有自己的准则，也有追随将帅的准则。因此，能否赢得军心，是作为三军统帅最重要的一个标准。

讲得更明白一点，若想统领军队里的一大帮糙老爷们儿，就一定要做到他们能做到的事，而且还要做得比他们更好。只有赢得他们的尊重，才能掌握他们的军心，军队才会听从这位三军统帅的号令。

所以，这个考试考的不是个人够不够强，而是考这个皇子配不配拥有军权。

这套统领三军的测试，一共由二十四位主帅与副帅共同完成。每一位将帅都会出自己的题目，而且考题不固定，也不会事先通知这位皇子要考什么。更多的时候，是皇子已经在考了，却并不知道自己正在接受测试。

其实，这二十四位主副将帅，内心里都并不愿意去测试这位小公主，因为在他们心中，早就已经接纳了太平公主，认定她将来可以统领三军，成为主帅。

这些将帅大多出身于隋唐时期的世袭军功世家，都是跟随大唐一路打下江山的老将。太平年幼时，大哥李弘便带着她出入朝堂、军营，参与议事；再大一些，太平又跟随众皇子进入各位将帅的军中操练，其中许多将帅都是亲自训练、教导过她的。

小太平几乎是他们看着长大的，他们太了解她了——了解她的心性，了解她的勇敢与坚强，也了解她的公平与公正，以及她内心的善意与爱。这些，他们都看得清清楚楚。

而且，太平虽贵为公主，自幼就最是护着身边的人。这一点，最赢得这些将军们的敬重与认同。

所以，这些看着太平长大的将帅们，内心其实极不情愿让她去承受如此艰苦、残酷的试炼，尤其是体能上的考验。太平是公主，不是皇子。即便是皇子，要通过这些测试，也几乎是不可能的——大哥李弘，当年也是经历了四次，才最终通过。

让这些将帅们用严酷的考验，去测试这位从小看着长大、真心敬佩喜爱的小公主，他们实在不忍心。但是即便明知太平能够通过，他们仍必须硬下心来，让她经历这些严苛而艰难的试炼。

实际上，这些考验不只是测试太平，也是在测试他们自己——测试他们能否硬下心来，放下内心的情感，去完成自身的职责。这本身，对他们的心性而言，同样是一场极其艰难的试炼，与战场上凶险残酷的拼杀截然不同。

那天，李治和武则天把太平找来，问她要不要去经历这场统领三军的测试。虽然这件事早就已经决定了，但他们还是很直白地告诉她，这一关非常不容易过。

因为就连大哥李弘那样神勇而睿智的人，也是到了第四次才通过；而太子李贤、李显和李旦都没有参加这种测试，因为他们自己不相信能够通过，所以干脆没有去考。

太平的回答非常在他们的意料之中，她想都没想，就两个字："我去。"

体能与意志

在二十四位主副将帅之中，有一位地位最高、资历最老的主帅，亲自为太平设下了一次极其残酷的试炼——一场针对体能与意志的双重考验。那一天，整个军营都出来观看这位太平公主的第一场考试。黑压压的校场上，站满了身披铠甲的大唐士兵，一眼望不到尽头。

军营里派出了最厉害的一位武士。因为他们要用最强的人来对付太平。表面上，这是对她公主身份的尊重；实际上，是因为太平必须在一个全部都是男人的军营里，不仅要做到与他们同等优秀，在各个方面都不逊色，还必须比他们更强、更勇猛。因为她是女人。

太平被这名武士打得浑身是血。脸上、脖子上、手上遍布伤痕，还断了一根肋骨。每一次被打倒，她都咬着牙站起来；再被打倒，再站起来。这样不知道重复了多少次。

直到最后一次，太平用尽全身的力气站起来，稳住身形，抬起右手用力擦了一下眼角的血，眼睛像一只受伤的小狮子一样，狠狠地盯着面前的武士，咬紧牙关，不倒下。

面对这个满身是伤、却依然站着的十七岁小公主，那名武士终于下不去手了。他满眼哀求地看向那位年长的主帅：真的还要继续打吗？

那位主帅，看着浑身是伤的十七岁太平，内心既心疼，又骄傲，还充满了敬佩。但他却始终保持面无表情，只是抬起手，朝他轻轻摆了摆。那名武士转过身，郑重地向太平抱拳行礼，深深一鞠躬，随后退下。

后来，这名武士，成了太平帐前一名死忠的侍卫。

勇气和担当

还有一次，太平并不知道自己正在被考试。士兵们故意将一辆运炮用的木车和木桩丢在泥水里。那天大雨倾盆，人手不足，所有士兵都在合力，试图将那辆木车从泥泞中拖出来。

太平见状，正要上前帮忙，一旁的将领却立刻拦住她，说道："你不能去。你是女人，他们是男人。你是公主，是皇族，你去帮他们，是对你身份的侮辱。"

太平回头看了他一眼，只说了一句："我就要去。"

说完，她径直走过去，与那些士兵一起，将那辆沉重的木车，一点一点从泥水中拖了出来。

这场试炼，考的是，当士兵需要帮助时，太平是会伸出援手，还是会袖手旁观；当身边的将帅试图以"身份""规矩"为由阻止她时，她会不会被公主、男女这些身份与规矩束缚，而不是以将士的需要为重。因为太平将来要去的，是残酷的生死战场，不是莺歌艳舞的宫廷。那些规矩，在战场上屁用没有。

这次考试，太平又通过了。

生死与共，共度难关

又一次，军将故意将太平编入了一支北上的军队，前往极北之地。路途遥远，天气严寒，北方的夜晚冷得刺骨。行军之前，刻意没有准备充足的粮食。

夜里分食物时，每个人分到的都是等量的口粮。太平并没有因为公主的身份而多得一分，她和普通士兵拿到的一模一样。粮食不够吃，有的士兵没分到。

那一片荒野之中，冰天雪地，非常冷，根本不可能再找到任何食物。如果士兵不吃，没有足够的热量支撑，他们会被冻死。

太平并不知道这是一场考核。她没有犹豫，把自己没有吃完的食物，分给了那些士兵。

军将在考验太平，在粮食严重短缺、夜晚严寒到不进食就会冻死的情况下，太平会不会把自己没吃完的食物藏起来，留给自己。她没有。她选择跟自己所带的士兵，共度难关。

这一次，她也通过了。

像这样的试炼，有她知道的，也有她完全不知情的。太平一共经历了二十四场。

二十四场，太平全部一次通过考试。

太平与金龙，东方版的《权力的游戏》

中国的民间故事“木兰从军”，讲的就是太平公主在军中的真实经历。记录着太平公主一生真实历史的卷轴，现在还存在着。

电影《花木兰》，影片中，除了“代父从军”，“金龙被改成了凤凰”，不是真实历史之外， 其余大部分都是对的。在真实的经历中，金龙始终陪伴在太平身边。但他从未出手相助，也没有替她完成任何试炼。因为这些要走的路、这些考验，都是太平必须独自经历的试炼。

金龙能做的，只是在一旁守护——确保太平的安全，而不干预她的选择与行动。

深层政府（罗马帝国现今的变身）是知道中国的真实历史的。而且不是部分知道，是完全知道。他们把真实发生过的历史拍成电影，在保留核心结构的同时，稍作改动，包装成一部热血沸腾、情绪强烈的商业影片。观众坐在电影院里，被剧情牵引，情绪不断起伏——在这个过程中，产生大量的 Loosh。

什么是 Loosh？Loosh，是任何一种情绪波动所释放出的能量物质。人的情绪，愤怒、悲伤、快乐、欲望、绝望、执念、仇恨、嫉妒——无论正面还是负面，所有情绪都会生成 Loosh。在我们生活的三维现实里，存在着大量的并非人类的低频能量体——那些真正控制这个现实结构的存在。他们的食物，就是 Loosh。

而我们所生活的这个世界，是一个巨大的养殖场（Loosh Farm）。就像猪、羊、牛、鸡一样，被圈养、被喂养，然后产出“产品”。区别只在于，我们的“产品”不是肉，而是情绪所产生的Loosh。

在人类社会的上方，存在着一个庞大的收集系统——一个接收器。所有被大量激发出来的情绪衍生物，都会被集中收集，成为掌控这个世界的灵体所需的食物，而且是各种不同“口味”的食物。

而他们最擅长的方式之一，就是——把真正的历史拍成电影。一边赚钱，一边制造情绪，一边为他们自己持续生产食物。当所有人聚集在电影院里，看电影的同时，在能量层面就是一种认同，供给他们食物，来继续维持他们对整个世界的奴隶式统治。

太平十八岁随军

通过三军统帅的考试之后，太平从 18 岁，就开始随军出征。大唐一有战争或者小规模冲突，太平就会被送到战场附近的营地。当时所谓的“小规模”，不是几千几万的大军，而是几百人，几千人对阵的那种规模。

太平开始，是实地观战，观察两边军队如何布局、战术如何安排、策略如何变化。很多观战都是从侧翼和远端完成的。她所接受的训练不是冲锋陷阵，而是在真正的大型战斗中，学习如何布局、如何应对，而不是上前线乱砍。她必须学会战术与计谋，懂得如何布军、如何用兵。

当时的军队武器非常多样：有弓箭，有弩，还有那种很长的大弩，类似西方电影里出现的“超长弩炮”，拉一下就能射出一根巨大的箭矢。还有像石块一样的弹丸，以及能将各种物体抛出去的器械，还有被马拖着走的投石机。

另外包括：弓箭；大长矛；还有一种技术，可以发射“火球”：一团燃烧的球，里面裹着焦油，一旦击中敌人，对方就会被点燃，而且火焰几乎无法熄灭。这些“火球”外面涂着焦油，点燃之后，用机器抛射出去。机器是木头与金属组成的：杯槽是金属；支架是木头；有木轮；可套上马拖行。设计得十分稳固，即使马奔跑也不会翻倒。

在真正派兵冲锋之前，他们会先使用这些器械轰炸，对敌人进行预先消耗。不会白白送死，所以一定会优先使用器械削弱敌方力量。这就是“战略优先”的体现。必须先布置妥当，才会派兵正面交战。

总结来说：两军面对面的厮杀，永远是“所有其他手段都用尽之后的最后手段”。双方都会尽可能从侧面消耗对方，而不会一开始就对冲。

当时大唐境内的所有战争，几乎都是罗马帝国在背后支持。罗马帝国的惯用手段，是先挑起唐境内的局部冲突，再扩大战事。等到开打的时候，罗马人就会介入，并带来他们那个时代更先进的武器——其中最危险的，就是“希腊火”（Greece Fire）。

“希腊火”非常可怕，核心成分是“锂”。一旦点燃，就无法熄灭；用水浇会烧得更旺，就像现在汽车锂电池起火一样。

罗马人会把这种东西装在一个袋子里：袋子里放着类似鞭炮那样的引信，一根长长的导火线，点燃导火线，然后用投石机把袋子抛出去，让它在空中飞行一段距离。到达敌军上方时，袋子内部“砰”地一声，把锂引燃，形成希腊火的大爆炸。

炸开后，燃烧的锂向四面飞溅：落在地上可以烧瞎人的眼睛；落在衣服上，整个人会着火；能烧死动物；能烧毁建筑；而且完全无法扑灭。

因此，太平从 18 岁开始，就在同时学习两种体系的战法：

大唐传统的战略体系，以及罗马帝国带来的更危险、更先进、更加致命的攻城与武器技术。

CHAP 7 太平与薛绍

太平被关

太平在二十岁左右，到了适婚的年龄。

武则天和李治为她挑选了许多求婚人选，这些人全部出身贵族，智力、武功、胆识皆属上乘。每一位候选人都必须经过一套极为严格的考核，包括武艺、智慧、判断力、礼仪与学识，层层筛选，层层淘汰。

整个甄选过程，大约持续三到四个月。

最终，被选中的，是在各方面都最符合皇室标准的驸马人选——薛绍。当时薛绍为了让自己成为合格的驸马人选，将家中的正室妻子降为妾。

然而，太平拒绝了这门婚事。她给武则天和李治的理由很简单——她不需要婚姻。

太平从很小的时候起，就是按照大唐皇室继承者的标准培养的。从六岁被金龙选择的那一天开始，到十七岁通过二十四次所有军队将领的试炼，并获得全部大唐军队将领支持之后，她肩上的责任和未来早已确定。对她来说，婚姻没有任何意义。多出一个丈夫，只会碍手碍脚，是一种负担。

还有，薛绍在朝廷上主张与罗马帝国展开自上而下、全方位的合作，并支持接纳罗马帝国的金本位制度。这种立场在太平看来是完全不能接受的。太平极度痛恨罗马人，因为罗马人杀了她的大哥李弘，还夺走了大唐近一半的江山。太平发誓要夺回大唐失去的疆土，为大哥李弘报仇。

因此，薛绍的政治倾向在太平看来极其危险。如果未来的驸马在立场和心理上倾向罗马帝国，那不仅是碍手碍脚，更是一个不稳定的变数，对太平来说极其危险。

还有一个原因是，在太平的心目中，没有任何一个人能比得上大哥李弘。大哥在太平心里是无可超越的，没有人能超越他的温暖善良、睿智与神勇，也没有人能超越他对太平的疼爱。在太平看来，其他人根本不配与大哥李弘相提并论。

所以，太平坚决拒绝了这门婚事。

因为太平迟迟不肯答应这门婚事，但薛绍已经被选定，且已是全国皆知的驸马人选，武则天和李治便决定，太平必须嫁给薛绍。

太平拒绝之后，李治和武则天开始逐步施压，包括不再允许她上朝、将她的食封减半、削减她身边随从的人数等，从各个方面进行边缘性压迫。但无论如何，太平始终不肯答应。

就是不肯。

就在婚事双方相持不下的时候，有一天，太平正在郊场与随从习武，身边的侍女忽然跑来禀报，说乳娘被二圣召去训斥。太平心里一沉，立刻意识到不妙，当即扯过一匹马，飞奔向大殿方向。

刚踏入殿中，她便看见乳娘正在受杖责，理由是乳娘管教不当，纵容太平拒绝婚事。太平怒火瞬间爆发，冲上前去，直接挡在乳娘面前，大声说道，拒绝婚姻是她自己的决定，与乳娘无关。

就在太平挡在乳娘挡杖的瞬间，有几棍子没收住，重重落在她身上。太平没有躲，也没有退，只是怒视着李治与武则天。

表面上看，是武则天和李治在责罚太平最亲近的人——她的乳娘；实际上，是借打乳娘作为施压的手段，用太平最在乎的人来试探她的底线。

他们太了解太平了。如果直接责罚太平，她可以忍——忍疼痛、忍羞辱、忍一切，她都撑得过去，也绝不会低头。但一旦牵连到她身边的人，尤其是从小照顾她、把她当作自己女儿一样养大的乳娘，他们就期待看到太平会动摇。

他们希望太平，因为无辜之人因她拒绝婚姻而受牵连、受苦，在内疚与愧疚中让步。他们以为太平会跪下求他们放过乳娘，却完全没有想到，太平直接冲到乳娘面前，挡在她身前，并且在所有人面前公然顶撞他们。

武则天和李治震怒不已。他们没有想到，太平竟会不顾身份与礼法，直接闯入殿中，挡在乳娘面前。

在当时的社会环境下，这样的举动是完全不该出现的。即便太平是公主，这样的行为依然被视为对皇权的公然挑战。

武则天随即下令，将原本应施加在乳娘身上的全部杖责，一并落在太平身上。

太平就站在大殿中央，不躲避，也不求饶，只是站在那里，仰头挺胸，腰背笔直，愤怒地看着李治和武则天，直到所有的杖数打完。

太平望着李治和武则天，说："如果你们强迫我跟薛绍结婚，他活不到天亮。"

武则天和李治听到这句话，更加震怒了。因为薛绍出身关陇贵族，若真被太平杀了，必然会引发宗族动荡，甚至引起内战，直接威胁大唐江山的稳定。

武则天和李治怒不可遏，却又无可奈何。即便贵为唐朝的皇帝，二圣在这个不肯低头、铁骨铮铮的女儿面前，也只能束手无策，毫无办法。

遂下令把太平关起来，接受教训。

太平被关进了宫里的一个空房间，里面什么也没有。没有床，没有被褥，也没有椅子，只有一个便盆。要睡觉的话，只能睡在地上。太平在里面，被关了整整两个礼拜。

这期间，武则天和李治分别来过。太平对他们的回答，只有两个字：不行。

太平被关的当天，金龙就飞走了。而且金龙是现出真身，故意让整个大唐洛阳的百姓，都亲眼看见——

他从皇宫直冲云霄，飞走了，离开了。

李治和武则天见太平丝毫不肯屈服，他们两个人也骑虎难下。没有办法，只能把惩罚加码升级，把太平关到另外一间更阴冷、更狭小的房间，平时惩罚宫女、太监用的。里面很脏，有蟑螂、老鼠、蜈蚣之类的东西。

而且下令，所有人都不可以给太平送吃的，只可以给水，违者斩首。所以太平每天只能靠少量的水度日。

太平被关押的期间，有人从门缝里偷偷塞进来少量的食物。太平连看都不看，碰都不碰。她不能让任何人，因为自己忍不了挨饿而送命。

那间专门关人的房间，是平时关宫女和太监用的一个地方。其间陆续也有犯错的宫女和太监被送进来受罚。他们被打，太平就听着他们被打时的惨叫声。就这样，在寒冷与饥饿中，太平独自又撑过了两个星期。

从太平被关的第一天起，金龙就离开了洛阳，飞回了昆仑山。金龙救不了太平，这段考验是太平必须自己面对的，他没有办法替代她，也不能干预。既然他不能保护太平，他宁愿离开。

金龙的消失震动了整个大唐。整个大唐上下都陷入了不安和恐惧。所有人都知道金龙是大唐的守护者：金龙在，大唐不亡。

金龙的离开，对李治内心的震撼是相当大的。他一直非常骄傲地相信，金龙是大唐的守护者，金龙现世是为了保护大唐江山的。即使没有太平公主，金龙也不会离开，也不应该离开，而是应该继续留下来保护大唐、护卫大唐的子民。

但他没有想到，太平被关押的第一天，金龙就离开了。

这个结果，就是金龙明确地告诉李治：金龙真正认可的，是太平公主，为大唐皇位的继承人，而不是他的大唐，或者任何一个皇子。

太平身上具备的帝王应有的勇气、心胸和气度，是其他皇子都不具备的。大唐的江山，李治与武则天，还有所有皇子们，大唐所有的人，都不值得金龙留下。

这对李治的信心和骄傲是一记沉重的打击，像一记清脆的耳光，扇在他的脸上。

就在李治和武则天抓耳挠腮、不知道该如何处理太平的时候，他们前后又去了两次，太平就是不肯屈服。

整整两个星期，太平一口东西都没吃，只喝水。

就在他们两个骑虎难下，对太平束手无策的时候，边疆告急了。

那天，上官婉儿拿着奏折来报，说蜥蜴人和罗马人开始攻打边疆。因为他们听说金龙飞走了，太平又被关起来了，所以想趁机拿下边疆的一个区域。

李治和武则天听到这个消息，反倒松了一口气。他们正好借着这个台阶，把太平放了出来。

太平被放出来的当天，金龙就感知到，飞了回来。

太平边疆平叛

太平被放出来以后，三天之内便集结了自己的府军，以及部分禁军，随将帅一起，直奔边疆战场。沿路又整合了部分地方军、边疆军。

太平抵达边疆后的第二天，两军对垒。太平身穿金色盔甲，白色镶金边的战袍。她骑在白马上，立于阵前，金龙在战场上空盘旋。将领和军队看到金龙，军心立刻被稳住，士气随之高涨。

这边是唐军，对面是蜥蜴人、罗马人，以及当地一些反对大唐、想要夺取那片土地、各自为王的叛乱势力。对方人数不多，但有很多太平和唐军从未见过的体型巨大的怪物。他们狗头人身，身穿类似兽皮的衣物，留着部落的长发，又高又壮，面目狰狞，极其恐怖。

一名边疆将领让太平冲杀时，躲在自己身后。太平没有说话，直接抽出太平剑，一声大喝，径直冲向敌方阵营，正面迎向阵前那些狗头人身的怪物和蜥蜴人。她身后的唐军如同潮水一般，紧跟着太平，一起冲向对方的阵营。

太平手中握着那把手掌宽的太平剑，是只属于她的能量武器，一把以频率作为杀伤力的武器。她持剑冲在最前方。天上的金龙同时发出一声极高频的怒吼，声音仿佛撕裂空气，在整个战场上空震荡回响。

两军正面相撞的瞬间，龙吟压了下来。那些体型巨大的怪物在听到金龙的声音时，动作猛地一滞，像是被无形的力量锁住，原本凶猛的冲锋变得迟缓而僵硬。太平的能量宝剑都还没有触碰到它们的身体，那些怪物身上的皮肤，就已经开始慢慢融化。

那一仗当然是胜了，几乎是一场压倒性的胜利。

战争结束后，太平跟随隋军将领一同审视战场。看着那些曾与自己并肩出征、如同兄弟一般的勇士，有的已经死去，有的身受重伤。太平心中悲伤难过至极。战场之上，这些勇士护她周全，而她却未能保全他们的性命。

一定还有别的办法。不一定非要变成这样，太平对自己说，我太平一定要找到别的方式代替战争，不必有那么多杀戮，也不必付出那么多牺牲。

整个边疆平叛过程非常迅速，大概用了不到十天的时间。之后就是收尾。因为太平赢了那场战争，部落的首领选择站在大唐这一边。歃血盟誓之后，太平留下部分大唐军队，帮助百姓重建家园。

当太平率军返回洛阳时，边疆的百姓纷纷出来相送。但太平看着他们，并不觉得自己是英雄。她看到被毁坏的家园，看到百姓因战争失去的亲人，也想到战场上战死和受伤的兄弟。

这些画面叠在一起，她感觉到，肩上的重量越来越重。那是边疆百姓失去家园和亲人的重量，也是与她一同赴战、却倒在战场上的勇士的重量。那是保家卫国的重量。

金龙的选择，以及大唐众将帅二十四次试炼的认可，把守护大唐的重量，完整地放在了她的肩上。此后的一生，她不只是要收复大唐失去的疆土，为大哥李弘报仇，更要承担起保护大唐百姓的责任。没有人能像她和金龙一样，为大唐的土地与百姓提供高维度的保护。

太平并没有被这份重量压垮，也没有感到负担。相反，这份重量在她心中点燃了誓死护卫大唐与大唐百姓的决心，为这片土地而战，直到最后一口气，直到生命的尽头。

后来，太平和金龙收复大唐失去疆土的方法，并不是每到一地就立刻动用武力。

太平和金龙每到一个地方，她都会提前做好充分准备，对当地的风土人情、文化传统、社会结构、执政情况，以及部族首领的性格与行事方式，都有深入了解。她先帮助边疆百姓重建家园，同时提供军事保护，由大唐的职业军队驻守当地，保护百姓、守护边疆，取代延续已久的府兵制。

这些边疆地区持续从太平那里获得帮助、支持与保护，原有的社会结构得以稳固，地区也因此逐渐安定、繁荣。

这与罗马帝国的做法完全不同。罗马帝国每到一地，采取的都是毁灭性的征服方式，通过烧杀、抢掠和强迫百姓为奴，以恐惧统治土地和人民。

战争本身是高度毁灭性的行为，极其残酷，没有人愿意打仗。这些边疆百姓世世代代生活在那片土地上，有自己的文化、传统与习俗，一场战争，哪怕规模不大，对当地而言都是灾难。

正因如此，这些部族首领逐渐认同太平的治理方式，愿意主动归顺大唐。

因此，太平收复大唐疆土的过程，大多并非依靠强行征服，而是通过长期的相互尊重、合作、互助与互利，最终在双方自愿的情况下歃血为盟，归顺大唐。

薛绍被处死

太平被放出来以后，武则天与李治已经不知道还能用什么方法让她妥协。无奈之下，只得换一种方式。

他们把薛绍招入宫中，亲自教他如何接触太平，并不断安排两人“偶遇”：在殿前议事、在花园散步、在宫苑中相遇……上演了一场宫廷版的“烈女怕缠郎”。

所以，虽然贵为大唐的公主殿下，也还是要被催婚的，也躲不过子嗣传承的压力。

薛绍本人聪明沉稳，看得懂局势，懂得分寸。他很清楚自己是全国瞩目的驸马人选，这是他一生中唯一能进入大唐权力核心、登上皇位的机会，因此他对这次机会格外珍惜。他很小心地不给太平任何压力，不触碰太平的底线，总是说适当的话，在适当的时候出现。

起初，太平对薛绍始终视而不见，仿佛当他不存在。薛绍与她说话时，太平大多数时候都不回应。

两个多月以后，太平知道自己无论如何也避不开这门婚事，便把薛绍召入太平府。

当时，太平坐在屋内的椅子上，桌上摆着太平剑，金龙闭着眼睛打盹睡觉。薛绍站在门口，毕恭毕敬地垂首而立。

太平说道："这桩婚姻我躲不过。我可以答应这门婚事，但是——婚后你不能靠近我；对外不能以我的名义做任何事情，包括朝堂、军队和府中事务。我住我的太平府，你住你的驸马府，两不相干，而且要瞒着二圣。

"如果违反以上任何一条，我就杀了你。你若同意，我便答应这门婚事。"

瞒着李治和武则天，对薛绍来说，是个非常危险的游戏。但他只有这一个机会——一个有可能成为大唐皇帝的机会，以及随之而来的滔天权力与无尽财富。经历了漫长的布局，一路过关斩将，完成了所有试炼，又经过这么长时间的软磨硬泡，在他看来，自己距离皇位只差一步——只要太平同意与他成婚，他就有可能成为大唐的皇帝；再加上至高无上的金龙的加持与协助，前途一片光明。

所以，太平提出的所有条件，他全部答应，照单全收。

随后，大唐举办了那场为了让太平的婚车顺利通过，而拆去部分城墙的盛大婚礼。

婚后，薛绍每隔一段时间便到太平府小住。夜里，他老老实实地缩在太平房间的一个角落里，不敢越雷池半步。太平剑不离身，金龙眼睛瞪得溜圆。

太平床边放着避孕药籽，侍女每日清点，从未少过半颗。

大约过了一个月左右，不到两个月，武则天安插在太平身边的婢女，将"避孕药从未少过"的情况汇报给了武则天。这时，武则天与李治才明白，他们被薛绍和太平骗了——这两个人根本没有同房，自然也不会有子嗣。

两人因此震怒，极其愤怒，但婚事已成，无法改变，也没有挽回的余地，只能接受这个结果。

薛绍这个人非常有野心，极其渴望权力。政治立场与武则天、李治完全不同，他更倾向于与罗马帝国合作，愿意接受罗马帝国提出的金本位制度和各种条件。他极其希望借助罗马的力量，成为皇帝，接管整个大唐，获得比当皇帝更大的权力和财富。他原本想借助与太平结婚，将来有一天能当上皇帝。

可是，他既无法靠近，也无法控制太平。太平意志如钢，不受任何人摆布，而她身边还有一条无人能够战胜的金龙。他既不能操纵太平，也得不到金龙的力量。要想当皇帝，只能发动政变，进军洛阳，杀掉李治和武则天，才能顺理成章地登上皇位。

因此，他与罗马人密谋，进军洛阳——先破掉宫中的禁军，再杀李治和武则天，夺取皇位。

其中最重要的计划，并不是杀了太平，而是要用当时类似海洛因的毒品，让太平染上毒瘾，变成一个失去自主意志的傀儡。只要让太平沉溺在毒品之中，永远无法清醒，就能间接控制金龙，罗马帝国与薛绍便能有效利用金龙的力量。

当时，金龙并不知道这些事，因为它的意识只专 注在太平身上，只感应并关 注太平的情绪。

一天，太平安插在薛绍身边的一名眼线深夜逃出薛府，将薛绍的计划告知太平。太平得知薛绍竟与罗马人勾结，还计划杀害自己的父母，并用毒品囚禁她本人时，愤怒至极。太平情绪一动，金龙立刻有所感应。

当晚，太平与那名眼线，还有金龙一起入宫，进见李治和武则天，把所有细节全盘告知。当李治听说，他的侄子薛绍准备带兵入皇宫，杀他和武则天，还有所有皇子，并且还打算用毒品控制太平时，心里非常难过。他起身离开了，只留下武则天。

殿内只剩下武则天、太平、金龙，还有内廷眼线。武则天摆了摆手，让那名眼线退下。随后，太平、武则天和金龙开始商量该如何处理这件事。金龙说的话，只有太平能听得到。

金龙说：用骗的，先把他骗到你身边，擒贼先擒王。

太平对金龙说：他不是个笨蛋，不见得能被骗进来，他是很聪明的人。

金龙说：那你就说，要跟他生孩子。

太平愣了一下，说："什么？生孩子？没有别的办法吗？"

金龙说："有，就是死的人多一点。"

太平白了金龙一眼，然后把刚才和金龙的对话告诉了武则天。

武则天看着太平尴尬的表情，差点笑出声来，然后说："好，那就这样，准了。"

随后，太平非常不情愿地提笔给薛绍写了一封信，信中用了一个"妾"字。大意是说，他们没有同房的事情已经被二圣知道了，而子嗣的事情终究躲不过，不如他来一趟，一起商量子嗣的事。

当时，薛绍接到太平快马递来的信后，打开一看，信中居然有个"妾"字，太平竟然自称为"妾"。要知道，太平从来没有正眼瞧过他。他心里高兴得不得了，认为太平终于承认了自己驸马的身份，信里居然还提到要商量子嗣的事情，这是要和我薛绍生孩子了吗?

他心中兴奋不已，觉得自己太了不起了。这么多年的布局和努力，终于把倔强的太平拿下了。在他看来，拿下太平，就等于是百分之百坐上了皇位，再加上金龙的加持，前途光明一大片。

当下，他立刻更衣备马，只带了几名随身侍卫和一支小队，策马飞奔太平府。

薛绍一踏入太平府，便立即遭到太平和武则天亲自调度的军队伏击。他的随从和护卫当场全部被诛杀，只留下薛绍一人，被押到太平和武则天面前。

太平当着他的面，揭穿了他所有谋反的计划，包括他如何与罗马帝国勾结，如何准备用毒品控制她，以及如何谋杀武则天和李治。

薛绍当时没有反驳，只是懊悔自己为何如此愚蠢，竟然相信太平终于改变了心意，看上他了。

之后，武则天给了他三个死法的选择：毒酒、斩首、绞刑。

但不允许薛绍选择任何“体面的死法”，例如像武士那样剖腹自杀，因为那属于“带着荣誉的死”。他已经背叛了太平，不配拥有体面。

他的选择，也会显现他的本性。最终，他选择了毒酒。

第二天清晨，行刑仪式开始。

薛绍被剥去铠甲，卸下所有佩饰，赤着脚，只穿一件身份低微的素袍，被带到案桌前。他跪坐在地上，双腿折在身下。面前是一只竹制小杯，杯中只有一小口毒酒。

薛绍不是孬种，也不是懦夫。面对死亡时，他没有恐惧，只有对自己愚蠢的愤怒。他为自己的傲慢与轻敌感到羞愧，也为自己的死不值。他可以将李治玩弄于股掌之上，却低估了太平，也低估了武则天。他离渴望的皇位只差一步，只差这一步。

自己的死亡已是必然。他端起那杯毒酒，一口喝下。很快，他口吐白沫，砒霜中毒，倒地身亡。

行刑现场只有武则天与太平，没有李治。

李治没有来。薛绍是他姐姐的儿子，是那整个家族里最优秀、最出色的一位。李治非常为这个外甥骄傲，也非常高兴薛绍能够从众多贵族中脱颖而出，被选作太平的驸马。

当李治得知，自己疼爱的外甥竟然联合罗马帝国，密谋起兵叛乱，准备弑君夺取皇位时，他的心几乎被撕裂。他爱自己的家人，爱自己的姐姐，也爱自己的外甥，但这个外甥却愿意为了权力和财富，杀掉他、杀掉武则天、杀掉所有皇子，囚禁太平。

这对李治的打击极为沉重，所以，他没有出现在行刑现场。

当薛绍喝下毒酒的那一刻，李治正坐在宫苑中一个小池塘旁。那是他最喜欢的地方。他坐在木桩上，静静望着水面，听着不远处的鸟鸣。

他心里想着：如果我不是皇帝，如果我没有这些权力，如果我只是个普通人，是不是就不必亲眼看着至亲因为权力而被毁掉?

薛族被灭门

薛绍被秘密处死之后，太平和武则天立刻下令封锁消息。整个皇城的宫门全部关闭，任何人不得进出；太平府也同时封锁，所有人员禁止外出。因为这次平乱需要绝对的时间差和严格保密，一旦有人逃出去报信，局势就会彻底失控。表面上，宫中和太平府仍维持一切如常，让外界毫无察觉。

太平平叛时，有一套完整而缜密的计划。核心将领都已经布置到位，接应点、换马点、封锁线都事先安排妥当，只等太平一声令下，便可同时启动。名单上哪些人必须立刻清除、哪些势力一定要先行控制，全都已经规划清楚。

随后，太平亲自带队出动。她只带了三四十名看起来像普通百姓的小队成员，马不停蹄赶往薛绍家族所在的区域。一路没有休息，连续换马四次，才抵达目的地。

当时，薛绍的家族完全不知道他已经被处死，也不知道他们与罗马帝国勾结、企图发动政变的计划已被暴露，对即将发生的事情毫无准备。

太平的大部队其实早已分散埋伏在附近乡间，只等待太平抵达，便同时展开行动。主要目标是薛绍家族的核心族人，而这些人很多并不住在薛绍的驸马府邸，而是分散在周边乡镇、私宅和庄园之中。因此，太平将兵力分成多路：一支小队随她直入薛家宅邸，其余小队按名单分赴各处，逐一清理目标。名单上登记的族人，一个不留。

薛绍家族的灭门行动几乎同时展开，没有任何一人逃脱。整个行动，从处死薛绍到铲除他的全族，只花了不到两天时间，大约四十八小时；之所以需要这么久，还是因为太平一路都在不停地换马，以确保行动迅速而不被察觉。

沿路换马的安排极其谨慎，所有人的穿着都尽量避免军装样式，看起来更像一群普通商旅，以免引起外界注意。太平此次出动，没有调动大军，也没有惊动朝中其他势力，只使用太平府最忠诚、最可靠的部下。这样的好处，是不会引发大规模动荡，能够悄然平叛；对百姓来说，只是大唐下旨，“地方换了负责的人”，根本不知道发生过血腥的军事行动。

当时，这些乡镇原本由薛绍家族作为地方贵族掌控，他们负责治安、生产、赋税和基层官吏的管理。一旦将其全部处决，基层权力便会瞬间出现真空。如果没有马上接手的人选，当地百姓必然陷入混乱，可能出现争夺、抢掠、暴力冲突等一系列问题。

太平在带兵除掉薛绍这一整支地方叛乱家族的同时，又迅速接管地方政务并展开重建，使百姓的生活不至于受到影响，让地方秩序保持稳定。

太平的整个平叛过程速度极快，纪律严谨，没有出现任何大规模混乱，只是悄无声息地清除了一个叛乱家族，让当地局势重新回归稳定。

我今生的父亲

前世

那个曾经在武则天和李治面前，对太平动刑杖责的官吏，就是我这一世的父亲。

当时他亲眼看到太平不顾礼法闯进大殿，挡在乳母前面，还顶撞二圣，完全不顾礼法，实在太大胆了。

在他眼里，怎么可以反抗皇权，怎么可以顶撞父母，就算是公主也不能例外。所以他对太平非常愤怒，带着蔑视，甚至有些憎恨。虽然你是公主，但你也是女人，而女人在他眼里就是比男人低一等。

所以，当武则天下令，把原本应该打在乳母身上的杖数全部转移到太平身上时，他没有丝毫犹豫，而是用尽全力，把所有力量都集中在双臂上，一下一下狠狠地抽打在太平身上。

但他在打太平的时候，心里又充满恐惧。因为整个朝廷所有皇子皇女之中，太平是唯一一个可以佩剑、自由出入宫廷的人。她身上始终带着那把李治赐给她的紫金宝剑，从不离身。所以他一边抽打太平，一边死死盯着太平的手，生怕这个武艺高强、不讲礼法的公主突然翻脸，拔剑当场把他杀了。

他自己知道，在皇权面前他不过是个下人。如果被太平杀了，他也是白死。因为恐惧，他下手更狠、更重，直到所有的杖数都打完。发现自己还活着，才重重地松了一口气。

太平当然不会拔剑杀了他，不是不能杀，而是不屑。太平从不做这种以强凌弱、令人不齿的事情。

那一天，太平站在殿中央，仰着头，背脊笔直，一声不吭。

待杖责结束，太平看着武则天与李治，愤怒地说：

“如果你们强迫我跟薛绍结婚，他，活不到天亮。”

李治与武则天怒不可遏，却又束手无策。面对这个刚强、倔强的女儿，他们也只能先将太平关起来。

今生

我这一世的父亲，也曾这样打过我一次。那一年，我十二岁。这一世的我，同样刚强而倔强。

我父亲在市政府工作，是名转业军人，做事非常有条理、有策略、有计划的人，内心骄傲。他这一生最大的遗憾，就是没有一个儿子。因为那个时候实行独生子女政策，母亲生了我之后，就没有再生孩子。

父亲很爱我这个女儿，但他内心对我的存在，是非常复杂和矛盾的。

他从不隐藏自己男尊女卑的观念。在他的世界里，男人就是比女人高贵。可是在那个只能生一个孩子的时代，唯一的孩子却是个女儿。在他心里，就好像是我这个女儿占了本该属于他儿子的名额。偏偏这个女儿又拥有他最认可的、最应该属于男性的特质——性格坚强、倔强、勇敢。

所以他始终无法真正接受这个事实——唯一的孩子，本该是儿子，却成了女儿。每次看到我，都像是在看一个小偷，好像是我偷走了他本该属于他的儿子。

所以他的内心，对我一直充满了愤怒、憎恨、不屑、瞧不起和不甘心。这么多年，始终无法释怀。

我父亲很骄傲自己拥有一条棕色的纯牛皮军用皮带。那条皮带大概两寸宽，非常厚实，也很沉。在那个年代，在军中有军衔的人才有资格配发。所以那条皮带对他来说，是权力和地位的象征。

那一次，他把我母亲关在门外——也就是我前世的乳母。然后，他把我叫到面前。面色凝重，神情肃杀。他让我站在他面前。接着，他慢慢地把系在身上的那条军用皮带抽了出来，同时刻意营造一种极其恐怖的气氛，要让我在真正挨打之前，先心生恐惧。随后，他命我跪下，露出背部，狠狠地抽了下来，一下，又一下。

母亲被关在门外，大声喊："Lin，你跟他道歉啊！你跟他求饶啊！你求他停手啊！"

我抬起头，眼睛愤怒地盯着父亲，耳朵里听着母亲在门外的呼喊。眼里、身体里，全都是怒火——那种几乎要冲破天灵盖的怒火。

十二岁的我，面对一个四十岁、身体强壮的山东大汉，心中的愤怒几乎无法压抑。但我打不过他。于是，我就那样抬着头，狠狠地盯着他，一声不吭，没有眼泪，也不求饶。只愤怒地、死死地盯着他。

他看着我凶狠的眼神，更加愤怒了。你才十二岁，还是个女孩。你不是应该哭吗？你不是应该求饶吗？你不是应该求我停手吗？你不是应该跟我道歉吗？你不是应该心生恐惧吗？你不是应该吓得发抖吗？

但是，没有。我就站在那里，一声不吭，没有眼泪，也不求饶，任他打。

他更生气了。皮带像狂风暴雨一样抽下来，一下又一下，用尽全力地抽在我身上，一定要把我打服。

我也不知道过了多久。想想看，一个身强力壮的大汉，不停地挥着皮带，能抽多久？大概也就那么久。

直到他自己打累了，抽不动了，停下来，一屁股坐在椅子上。眼泪，大颗、大颗地掉了下来。

终于停了？我抬起头，看着他脸上的眼泪，心里涌过一丝怜悯，有点可怜他。

心想：是你打我，你哭什么？

一千三百年了，你仍然活在皇权的禁锢里，活在男女尊卑的禁锢里，活在“男人就应该比女人更坚韧、更刚强、更勇敢、更不畏强权”的固定思维模式里。你什么时候，才能从自己设下的牢笼里走出来？

我伸出一只手，擦掉他脸上一侧的眼泪。他哭得更凶了。

我站起身，回到自己的房间，一头栽在床上。之后的一个星期，我都无法躺着睡觉。其间，母亲来看我背上的伤——两寸宽的青紫痕迹，一道一道，好多地方渗着血，几乎布满了整个后背。心疼难过得直掉眼泪。

在之后的一个月，我从未正眼看过他。除了内心极度的愤怒之外，我心里对他还有非常非常强烈的鄙视与不齿，非常非常瞧不起他。不是说好的“大男人”不该恃强凌弱吗？如果我和你一样强壮，你还敢打我吗？

在我眼里，他的灵魂渺小到像一只蚂蚁，可以忽略不计。他不配我看见他。

所以，每一次在房间或走廊与他迎面走过，我都仰着头，腰背挺直，当作看不见他，当作他不存在，当作他是空气，一句话也不说。

父亲打了我之后，躲在没人看到的地方，哭了好几次。他试图用暴力征服女儿，可结果完全出乎他的意料，完全不符合他觉得应该发生的“剧本”。

这件事，对他内心造成的震撼，完全超出了他所有的认知。他感受到耻辱，如同汹涌的海水，一层一层，把他淹没。无法遏制的悔恨，如同阴影一般，在他心里彻底蔓延。

他从未想到，一个十二岁的女孩，在近乎残暴的殴打之下，竟然可以一声不吭，没有眼泪，也不求饶。不是只有男人，才能忍受、熬过这样残酷的殴打吗？他为女儿的倔强、刚强感到骄傲的同时，也怨恨命运的不公——为什么这个本该是男儿的孩子，偏偏是个女儿身？

此后每一次与我迎面走过，他的心里都像被一把“耻辱之剑”扎进心脏。可事情已经发生，他已经打了我，他知道自己做得太过了，但是无法收回，也无法改变。

就这样过了一个月。一天，我与他迎面走过，不经意地抬眼看了他一眼。他的眼中满是祈求与悔恨，我终于心软了。

那天晚上，我走进厨房，自己盛了一碗饭，径直走到饭桌前坐下。马上就感觉到父亲如释重负，母亲也终于深深地松了一口气。我依旧一声不吭，目不斜视，只管吃饭。

那是我被打之后，全家一家三口第一次坐在一起吃饭。

所以，那些自恃身强力壮、暴力殴打比你弱小的女人与儿童的人，会不会感到羞耻？一种恃强凌弱的羞耻？

这件事情的结果是——父亲本以为暴力手段能彻底征服十二岁的我，却被我在精神层面完全摧毁。我摧毁的，不只是他的精神，而是他思想中所代表的那套关于男女、权力与服从的狭隘思想模式与社会结构的狭隘认知。

从那以后，父亲没有再碰过我一根手指头，而且极度憎恨、厌恶殴打小孩的人。

但这并不妨碍他继续厌恶、憎恨这个他无法驯服的女儿。同时，他又迫于自身的良知，不得不去爱这个抢了他儿子名额的女儿。所以他的一生，都是在这种极度矛盾、冰与火的煎熬中度过的，有点可怜。

我把这段经历写下来，是告诉大家，我打破了循环。在现实层面，我打破了这个循环；在能量层面，我也同时打破了它。我们都是来自源头的能量体。我们是可以打破这种暴力循环的。

只要敢站起来，只要足够勇敢。

有条件的爱和无条件的爱

有条件的爱，是带着期望和附加条件的。

讲白话一点就是：你一定要做到怎样怎样，你的行为要符合某一种固定的模式，才配得上我给你的爱。这种爱是有期望值的，是有附加条件绑定的。

那无条件的爱是什么？

我的理解是，爱，不应概有期望、有附加条件、要求回报，要改变对方。

在当今世界里，这种无条件的爱已经非常非常少见了。有时候可以在母亲身上看到，但也不是所有的母亲。

我们现在所称为“爱”的，大多数都是等价交换。父母期望儿女应该怎样，儿女期望父母应该做到什么。夫妻也是这样，比如你要买车、买房、给彩礼，才证明你值得我对你的爱。这些全部都是有条件的爱。

所以在这个社会里，无条件的爱已经极少见了，真的非常非常的少。

我们是不是已经忘记了，应该怎样去爱？我们都是从源头来的，这种无条件的爱，是我们与生俱来的能力。

现实社会的我们，是忘记了自己拥有这种能力？还是从出生开始，就被父母、学校、周围的环境、电视、新闻、网络，有意识地一点一点被编程、被消磨掉了？

我这一生的父亲，给我的，是有条件的爱。而上一世，太子李弘给太平的，是完全无条件的爱。他们的态度，也决定了这一世我对父亲的态度，以及上一世太平对太子李弘，从强烈的依赖与思念，转化成后来极度的愤怒和悲伤。

就好像一面镜子一样，你付出的、你表现出来的，总是会被百分之百地折射回去。

上一世，我太平，为那份曾经拥有的爱，落子无悔，报仇雪恨，死战到底。

这一世，我选择留在地球的另一边，一别两宽。

CHAP 8 李治故去后的七年

李治故去后的七年

唐高宗李治是在薛绍被处死后，大概半年后过世的，享年七十岁左右。

太子李弘被谋杀约一个月后，李贤被正式立为太子，成为皇位的下一任继承人。

按照正常的传承顺序，唐高宗李治去世后，应由太子李贤继位登基。

就在李贤准备登基前一个星期，罗马帝国对他下毒。毒性复杂难解，御医一时无法辨明究竟给他下的是什么毒。李贤当时已经命悬一线，宫中普遍认为他一定会死，所以上上下下已经开始为他准备后事。

国不可一日无君，武则天便与皇室迅速立皇子李显为帝。后来，李显确实想把大唐送给韦后的父亲，于是武则天将李显换掉，改立李旦登基。李显在位时间大约不到三个月。

之后，宫中一位医术极高的御医，意外发现一种开着黄花的草药，也就是今天常见、常饮的菊花茶。这种草药正好对李贤所中之毒有效，李贤最终活了下来。但等他真正完全康复时，李旦已经称帝，局势已定，再也没有回转的余地了。

那时候，武则天的想法是，在她还活着的时候，让几个儿子轮流做一次皇帝，一边执政，一边接受考验和教导。她可以趁自己还在的时候，带着他们一起执政。这样一来，就算她突然离世，也至少有一个人能扛得住局势，稳得住国家。

否则，一旦她去世，却没有人能够承载国家的人力，立刻接手政权，罗马人就一定会趁虚而入，吞并大唐。

事实上，武则天内心最希望将皇位交给太平，并由金龙辅佐。太平具备作为帝王所需的心胸与勇气，拥有成为明君的一切条件，又与金龙缔结契约，护卫大唐。若由太平继位，大唐将在相当长的一段时间内得到上天的庇护，同时拥有一位真正合格的君王。

但受制于当时的礼法制度，按照嫡长继承的顺序，前面的几位兄长必须依次登基、再被废黜之后，才能顺理成章地轮到太平。因此，李显和李旦先后登基为帝后，在制度上，太平才能成为大唐合理的继承人。

在这一时期，武则天与太平开始着手布局，逐步收复当年罗马人在谋杀李弘之后所夺走的疆土。

那段时间，也是太平一生中遭遇刺杀最为频繁的阶段。

刺杀来自多个方向，有李贤的阵营，有李显和韦后，也有罗马势力，还有来自朝廷内部以及各个觊觎皇权、想成为皇帝的家族势力。

那些想当皇帝的人知道，如果他们想要登上皇位，就必须除掉太平和金龙。

太平本身的能力和条件，足以成为下一任皇帝。她同时还拥有朝堂和军队的支持，加上金龙的扶佐。所以，只要他们想当皇帝，就一定要先除掉太平和金龙。

在这段时间里，金龙无数次救下太平。尽管如此，太平还是受了好几次伤。

有一次，金龙正在睡觉，一名刺客从门外放箭，那支箭直直地射向金龙的左眼。

就在离弦的那一刻，太平听到了动静，立刻飞扑到金龙的头前。

那支箭笔直地射进了她的左肩胛骨。那一次她伤得很重，御医花了很长时间，才把箭头从她的肩胛骨里取出来。

太子李贤的死因

李治与武则天十分喜爱这个儿子。李贤天资聪颖，过目不忘，文采与武艺皆出众，在皇族子弟中极为耀眼。

李贤是李治和武则天的第一个孩子，按照当时的律法和血统顺序，他是皇位的第一顺位继承人。再加上太子李弘是过继来的，所以从小开始，周围的人，以及那些希望借着他飞黄腾达的人，就不断给他灌输一种观念：你迟早会当皇帝，你一定会是皇帝。在这样的环境和周围人的长期影响下，他的性格逐渐变得非常傲慢而偏执，认为整个天下，只有他才有资格坐上皇位。

李贤痊愈后，武则天曾亲口对他说过一段话——

你聪明，也有才华，但治理国家需要更宽广的胸襟，需要知人善任，需要能够放下一己之私，以国家与百姓为重。你太过傲慢，又过于善妒，还不具备成为大唐一国之君的资格。

李贤在意识到自己彻底无缘皇位之后，下令发动了至少三次针对太平的刺杀行动。

第一次刺杀。

他派出数名死士，夜闯太平府，已经冲到太平寝殿外的那道门，却被训练有素的太平府府军当场格杀。

第二次刺杀时，李贤派人在太平喝的茶里下毒。金龙闻到茶中有异味，立刻把茶杯打碎，救下了太平。随后，金龙又告诉太平，这一次刺杀是谁派来的。

太平站在屋子中间，看着地上被打碎的茶碗，一声不吭，心里既悲凉又难过。

第三次刺杀。

还有一次是在校场。太平率领自己的府兵，与禁兵一同训练。李贤再次派出刺客，想制造一次误杀的假象，用弓箭射杀太平。当时太平正好低头，那支箭擦着她的头皮飞了过去，这次刺杀也因此失败了。

至少三次刺杀，全部失败。

李贤阵营里有相当一部分人的立场非常极端。他们认为，如果李贤将来想要登基，就必须同时除掉太平和上官婉儿。她们一文一武，配合极佳，是武则天最重要的左膀右臂。只要杀了她们两个，就等于断了武则天的左右臂膀，再除掉李旦，李贤就可以顺理成章地登基。在他们眼里，李旦根本就不是威胁。

所以，太平公主和上官婉儿，成了李贤阵营，以及想扶李贤登基的人眼中最大的障碍。

因此，在相当长的一段时间里，太平跟婉儿都不得不持续提防来自李贤阵营的暗杀威胁。

但太平从未报复过二哥李贤，只是选择不再与他相见。

章怀太子李贤，并非死于武则天之手。

当时朝中有一位隋唐时期的老将，曾追随李世民南征北战，出身关陇军事世家，战功显赫，德高望重。此人年事已高，在军中威望极重，门生旧部遍布各处，是一名极其重要的将领。

李贤的个性有些过于无知和傲慢。他曾多次当着那位老将，以及其众多下属的面羞辱他。这些将领都是铁骨铮铮、驰骋沙场、以性命护卫大唐的军人。对他们来说，大唐勇士的声誉，比性命更重要。你可以杀了他，但不能羞辱他，所谓士可杀不可辱。但李贤不懂。

这种事情并非只发生过一次，而是好几次。原因其实很简单，他觉得自己是皇子，是太子，将来一定会成为皇帝。在他眼里，天下都是他的，整个大唐都是他的，随便辱骂一个将军，和辱骂自己的下人没有什么差别。

后来，李贤在一次进山打猎时，被那位老将军的部下一箭穿胸，当场身亡。

这件事并不是那位老将军下的命令，而是那名部下在看到自己敬重的长辈、将帅屡次被太子无端羞辱之后，心中积压的愤怒在混乱中爆发，瞅准时机自行出手造成的结果。

此事上报朝廷时，对李旦和武则天的正式呈报说法为“误杀”。

李贤去世时，年约三十六七岁。那一年，正好是李旦即将让位、武则天正式称帝的前一年。

后世史书中盛传“武则天为夺皇位而杀章怀太子李贤”的说法，完全属于臆测与捏造。

武则天，从未亲手杀害过任何一个自己的孩子。

CHAP 9 李贤

Katy, Neil and Me

我来到美国不久，就在一间华人教会里认识了 Katy 和她的弟弟 Neil。那时，Katy 已经在一家大公司工作，Neil 还在念书。教会里的人很多，不知为什么，整个教会，我只和他们姐弟投缘。常常在聚会后到我家坐坐、闲聊、吃饭。那个时候我不会做饭，最多只能煮水饺、泡泡面。Katy 和 Neil 每次来，总会带一颗大西瓜。我们边吃西瓜边聊天，无忧无虑，开开心心的，时间就在这样简单轻松的相处里流过。

有天我正在看电视，接到 Katy 的电话。她开口就说："你配不上我们家的 Neil。你以后离他远一点。"

我愣了一下，说："我们只是朋友，没有别的。"

Katy 重复了一遍："你配不上他，你离他远一点。"

我当时没有再说什么，就把电话挂了。

心里愤怒又难过：你不是我的朋友吗？我真的不配吗？我真的配不上 Neil 吗？在你眼里，我居然这么差吗？既然我在你眼里这么不堪，那我们就此别过。内心骄傲、一身反骨的小狮子，宁愿全部不要，也不肯被任何人看不起。

从那以后，我与他们就此断了联系，不再联络。

真实的原因，并不是 Lin 配不配。Katy 知道自己的弟弟非常喜欢 Lin，但她不想让 Lin 分享，甚至抢走 Neil 对自己的爱与关注，也不想与 Neil 分享这个好朋友。她非常霸道，也很幼稚地想要独占双方全部的爱与关注，所以你们两个不能相爱。

讲再深一点，我的存在，对 Katy 来说是个威胁。这种威胁意味着，她可能会失去自己爱的人，或是爱她的人，甚至失去当时所拥有的一切。这种被威胁的感觉，实际上是前世感受的延续。她所不知道的是，我与 Neil 之间在能量层面的联结与羁绊，永远不会断裂，也永远不会改变和消失。

之后，大概过了三年，我和同事约在“五饼二鱼”吃饭。那是一家当时非常火爆的北方餐馆。二十多年前的湾区，这样好吃的北方菜并不多。

我一走进去，就看到前方站着一个高高的身影，是华罗，旁边是 Katy 和 Neil。Neil 身边的位置空着，没有人。

我站在那里，看着这三个人的背影，大概过了五秒钟，叹了一口气。然后对同事说：“不好意思，我得回家喂狗。”

说完，头也不回地就走了。

之后又过了十年。一天早上，我送儿子去附近的小学，把他送到校门口后，在回家的路上，正面遇见迎面走来的 Katy。十年后，我们再次相遇。

那天，Katy 狠狠骂了我一顿：“你为什么消失了？我找了你很久，在 Facebook 上找，到处找，就是找不到你！”

我笑了笑说：“我不用 Facebook，你当然找不到我。”心里翻了个白眼给她——你当然知道我为什么消失。

原来，我们两个人的儿子都叫 Nate，住在同一条街上，开车只需五分钟。

之后的八九年时间里，两个 Nate 成了好朋友，一起长大，直到快高中毕业。这期间，我和 Katy 不断“巧遇”。几乎不用约，我们想见面根本不需要特别安排。

在 Costco 会遇到，在 Ranch 99 的停车场会遇到，在 Sprouts 会遇到；开车路上经常遇见，车停在十字路口时，也会看到对面的小红车。隔三五天、一个星期、两个星期，总会碰上一次，不用约。这种不断重叠的轨迹，近乎奇妙。

一直到现在，我们依旧在不同的场合中不断相遇，仿佛无论时间如何推移，我们都会与彼此的时间线产生交集。

这个世界没有偶然，Katy 就是上一世太平的二哥，章怀太子李贤。

Neil 曾是太平贴身的带刀侍卫，是太平那一世少数几个真正了解太平的人，一个用其一生，护卫了太平半个世纪的勇士。

在太平公主只有三、四岁的时候，二十岁的 Neil 便被安排成为她的贴身护卫，一位非常忠诚、武艺高强、智勇双全的真正的勇士。能被选中保护大唐两位皇帝最宝贝的女儿，做太平公主贴身护卫，武艺、品格、忠诚度都必须是大唐最顶尖的。这种勇士，不会被收买，也绝不会在关键时刻背叛太平。

这是皇帝家族沿袭数代的一种制度性安排：在皇子、公主尚年幼之时，便从众多十几二十岁的候选者中，精心挑选出最可靠、最忠诚的人，放在他们身边一同成长。这样的人，被当作皇室子女的一部分，一同抚养长大，在日复一日的相处中，会与皇室子女形成一种情感上无法被打破的纽带。

这些护卫并不只是执行命令的随从，他们会像父亲、像长辈一样照料皇子皇女的成长。他们愿意为皇子、公主付出生命，而且绝不背叛。这种“由成年人自幼陪伴、守护皇室子女”的模式，是皇帝家族世世代代沿用的传统。Neil 就是以这样的身份，被安排在太平公主身边，成为她最亲近、最核心的护卫。

太平的乳母，也就是我这一世的母亲，也是这样被安排在太平身边的。她也是一位经过千挑万选的、品行高贵、武功高强的勇士。

所以，太平是被一群真正的勇士带大的。Neil 看着太平长大，几乎是把她当作自己的女儿一般守护与抚养。太平被金龙选中的那一天，Neil 既惊讶又骄傲，像一位父亲般，内心无比喜悦。

大哥李弘过世后，Neil 接替了原本由李弘承担的角色，照顾并保护十二岁的太平，像是她的另一个父亲。他也曾是太平亲自率领的骑兵小队成员之一，随她奔赴边疆、深入险地。有时，金龙会开启只能容纳二十人的快速通道，Neil 是那二十名随行者中武艺最为高强的一人。无论太平走到哪里，他几乎都在。

他见证过太平一生经历的所有艰难、历练、疆场厮杀，以及各方势力的刺杀；亲眼目睹太平被杖责、被囚禁，跟随她平叛，南征北战，收复失地，为边疆百姓重新建立家园；也见证了太平为了保护身边的人、为了大唐的江山所付出的一切。

他欣赏太平的勇气和胸怀，对下属的公正与宽容；太平虽贵为公主，却心地善良。当然，他也见过并不完美的太平——所有好的、坏的、丑的，以及她做过的错事，他都见过。从里到外，他见过完整的太平。

后来，Neil 年纪渐长，太平不再允许他继续随行，参与前线厮杀与高风险任务。但他依然留在太平身边守护，始终不曾离开。Neil 在太平的世界里，从来不只是一个“护卫”。他无惧凶险，始终坚定地站在她身边，理解她、守护她，与她共同承担重压，是一名真正的勇士。他也是太平为数不多能够完全信任、能够说所有话的人。

他——从三岁到四十八岁，陪伴了太平的一生，是见证太平公主一生最完整的人。

Neil 很爱太平，但太平是公主，他们的身份差距太大，他只能远远地看着她、保护她，不能表达。他只能守护，不能靠近。这种无法说出口的遗憾，延续了很久很久，一直延续到后来许多世。

很多年以后，我终于明白，为什么我会不自觉地被这个充满少年感的“爹”吸引，还那么、那么喜欢他。

在 Neil 身边，我感到很舒服、很安全。那种不需要警惕和防备的感觉，让人十分放松。好像我所有的一切都可以摊在他面前，只做自己就好，我很享受这种感觉。

他也非常容易明白我的意思，不需多言。原来，这种无需言语的默契，是近半个世纪的累积，是深植于生命里的信任，还有很多、很多的爱。

上一世，太子李贤亲眼看见太平拥有 Neil 毫无保留的忠心、爱，以及为她赴死的决绝，非常渴望亲身感受这种情感。所以，在进入这一世之前，他的条件是，给 Neil 机会接近太平，Neil 必须在这一世成为她的弟弟。

能接近太平的灵魂，可以重新开始，没有阶层，没有皇权与礼法的束缚，一切皆有可能。面对这个条件，Neil 同意了。

在我转世之后，他们也先后来到这个世界。这一世，Katy 比我小一岁，而 Neil 比我小两岁。

感恩节

感恩节，我到 Katy 家吃饭。我先到的，刚从洗手间出来，就看到 Neil 站在客厅中央，那位前世护卫了我一生的知己，同生共死的勇士。他还是那么纯洁干净，身上发着白光。

Neil 看到我的第一眼，身体颤了一下，像是被卡车撞到——那是一种来自灵魂深处的震撼，也是彼此认出对方的感觉，完全与年龄、现实身份、婚姻状况和外在条件无关。

灵魂对灵魂的认知，是能量场之间的交流，眼睛看不到，只有心能感觉到，也就是现代人所说的“量子纠缠”。

他非常紧张地说：“Hi。”

我叹了口气，心里骂自己："你个蠢货，到底是有多骄傲自大，才放弃了这么一个纯洁而美好的人？。"

Neil 大概是这一世我见过的最优秀的男人，我们北方男人里的天花板：忠诚、善良、睿智、英俊、保护弱小，有责任感，有大爱胸怀。

上一世，他是大唐太平身边最顶尖的、品格高贵的勇士。这一世，他依然带着同样优秀的灵魂品质。

因为灵魂不会改变，上一世的优秀，会延续到这一世。

接下来的派对里，我坐在客厅角落的一张沙发上，安静地观察着这里的能量场，和人在这个能量场里人的情绪变化。

满屋子的家人、小孩、熟悉的人声，Katy 跟先生忙进忙出，李旦跟朋友玩游戏。

手机里大哥李弘要代表中国，参加深圳的骑射比赛了。Neil 这位少年感的爹，正在忙着照顾韩国老婆和女儿。这种现实与记忆交叠、现代与古代并存的感觉很奇妙。

Katy 还是横竖都看不上 Neil 的老婆，左右都觉得她配不上自己的弟弟。其实 Neil 的日子过得平静、安稳、波澜不惊，就是有点累。

Katy 坐在沙发上，品着手中的红酒，心想，要是 Neil 的老婆是 Lin，自己和 Neil 的关系会不会更好？是不是会更常见到 Neil？

我又叹了一口气：你还是以自己的喜好和掌控为中心，Neil 快不快乐对你还是不重要。什么时候你才能明白，这跟对方是谁没有关系，而是跟你自己的内心有关？

Neil 的老婆当然知道 Katy 不待见她，所以一直表现得非常隐忍。挖到了一块宝——一个我们北方天花板级别的男人，自然是非常珍惜的。

我坐在那里，眼睛看着 Neil，心想，他的喜好，他想做的事，他的生活，凭什么要被别人左右？

我接着看到三条时间线。

第一条：在这条时间线里，Katy 没有打那个电话给我，小狮子和少年感的爹，美滋滋地过完了一生都充满阳光与幸福的日子。Neil 一直陪伴到我生命的尽头。之后，他又活了很多年。Neil 的身体条件一直很好，非常健康、强壮，也非常睿智、懂得爱，所以他的身体能量几乎是完美的。因为日子过得太过美好，自然也没有任何理由去写这本书。

结果，在那条时间线里，太平的灵魂根本没有机会想起来自己曾经是谁。死后，完全不知道自己的灵魂是源头的一部分，也不知道自己不该走向“有光的地方”。于是，太平的灵魂再次被 Archon 骗回了轮回的矩阵系统。在这一世的所有记忆被清空之后，被塞进一个新的身体里，再一次送回这个矩阵之中。和无数的灵魂体一样，继续被当作电池，为矩阵发电，再次被困在这个矩阵之中。

第二条：Katy 打了电话给我之后，当天我就找到了 Neil。只行动，不废话，小白兔快快乐乐地任我摆布，丝毫没做无谓的抵抗。之后的日子很快乐，大概有五到十年的时间。后来在球场上，遇到了那个超级爱打排球的李隆基，我就离开了。小白兔难过了好一阵子。这是当初太平的灵魂契约里绕不过的设定。要写出这本书，就必须遇到李隆基，就必须想起来，我曾经是大唐的镇国太平公主。

这条时间线，是这个 Party 过后，我回去改的。

第三条：也就是现在的这条时间主线，也是最倔强、最清醒、最孤独的一条。

这一世，太平的灵魂没去祸祸那个小白兔一样纯洁美好的人，而是选择了一条无比倔强孤独的路，写下了这本书，留下了一个痕迹（trace）。当太平的灵魂离开身体的那一瞬间，所有被 Archon 封存的记忆全部涌回来。太平对着 Archon 比了一个巨大无比的中指，随后化作一道金黄色的五彩光芒，回到了虚空，回到了源头——太平真正的家。

从此，在这个 Archon 之中，这个曾囚禁太平数万年的矩阵里，再也没有太平的灵魂。

我的这一世的选择，与太平上一世并无不同。那一世，太平本可以选择无比奢华、“善权谋”的宫廷生活，成为中国历史上的第二位女皇帝。但她没有。她选择的是孤独的、未知明日生死的戎马生涯，选择为大唐夺回失去的疆土，护佑那些需要被保护的人，本质上没有任何差别。

这一世的 Neil 离开这个世界之后，又重新回来了。回来以后，他仍然继续寻找太平，只是再也不可能找到她了。

太平离开了，但太平的这本书，在这个三维矩阵里留下了这个痕迹。这个痕迹让更多的人认识到，我们都是源头的一部分，都拥有神的能力。人是有灵魂的，而且灵魂永远不会死，也永远不可能把自己的灵魂送给任何人。

我们不需要继续留在这个充满痛苦与折磨的矩阵里。我们有选择，我们可以选择离开这个矩阵，可以选择不再轮回，不再被奴役，不再做矩阵的发电机。

只是，我们愿不愿意想起来自己是谁？我们愿不愿意想起来自己是神的一部分，具有与神同等的超能力？

改变过去

时间本身是不存在的。

可以这样想象：两个人坐在那里说话。人物 A 张嘴说话的那一刻，就是现在。

人物 B 看到人物 A 张嘴，但还没有听到他说什么，因为声音的传播比视觉慢很多。这个时候，人物 B 所看到的，其实就是将来。而当人物 A 已经把话说完，那就已经成了过去。

所以，在空间里，并不存在真正的时间概念，过去、现在和将来是同时存在的。

再把这个概念扩大到周围的环境、所在的城市、国家、地球，乃至整个宇宙，所有的过去、现在和将来，在以太之中，在高维空间里，都是同时存在的。

时间，是被创造出来，用来奴役这个三维世界的一个工具。

人，是可以改变过去的。人的过去，会随着现在的心念与情绪而改变。

从 Katy 家回来之后，我继续追寻着灵魂的记忆，接着写这本书。过程中，我惊奇地发现：二哥李贤已经没有再下令刺杀太平了。接下来所有针对太平的刺杀行为，都是李贤身边的人自行决定的，并非出于李贤的命令。

那一刻，我恍然大悟——原来，人真的可以改变过去，而改变过去的关键，就在于此刻的心念与情绪。人的过去，会随着当下的心念与情绪而改变。

那天在 Party 上，我可以明显感觉到 Katy 的情绪比以前稳定、放松。我没有感受到因为我的出现，她通常会流露出来的防备、戒心和嫉妒，那种仿佛因为我的存在，就会让她的丈夫觉得别的女人比她好，甚至让她的儿女改变对她的爱与依赖的、被威胁的情绪。

整个聚会的过程中，我一直安静地坐在那里，不说话，观察周围的能量流动，以及每个人在这个能量场中的情绪变化。我把自己从人群中抽离出来，不与任何人交谈，也不与她的丈夫交谈，不与她的孩子互动，只是偶尔和 Neil 说几句话。

所以，这一次我的出现，不再构成她认为可能存在的威胁。正是这一点——她自己的情绪，改变了过去。

也就是说，假设下一次我再见到她时，如果她再次感受到我对她构成威胁，那么这种情绪层面的变化，又会重新改写这条时间线的过去——李贤就会再次下令刺杀太平，直到太平不再成为他的威胁为止。

这个发现太重要了！

我们总是以为时间线是在我们前方延展的，但其实不是。时间线是在我们身后，而且它们仍然在身后被不断地创建。它们之所以看起来又像是在前方，是因为一切都发生在“当下”。这正是你能够创造悖论（Paradox）的方式。

什么是悖论（Paradox）？悖论，就是看起来“同时都对，但又互相打架”的情况，是逻辑上讲得通，但结果让人卡住、矛盾、无法同时成立的状态。

我们之中有足够多的人，通过拒绝接种新冠疫苗，已经制造出了一个巨大的悖论。这个悖论，正好对应着“灰人（Grays）”出现的时间点——因为灰人，本质上就是我们将来的自己。

新冠疫苗出现的那个时间点，正是灰人们被创造的时间点。从那个节点开始，人类被引导、被转化，逐步走向“灰人”的形态。我们正处在这个节点。

说得再直白一点，接种新冠疫苗的目的，就是把现在的人类，转化成将来的灰人。但是，因为有足够多的人拒绝接种新冠疫苗，一个新的时间点被创造出来了——一个巨大的、一个能够反向改变过去的时间点。

灰人，分为大灰人与小灰人。

大灰人，是我们人类在未来某一阶段演化之后的形态。他们已经与源头断开，失去了原本完整的自我意识与情感结构，进入了一种高度退化的状态。现在的大灰人，是从未来回到现在，试图在这个已经形成的重要时间点中，改变既定结果。他们的目的，并不是毁灭人类，而是把自己改回去——改回仍然能够与源头重新连接的状态，而不是彻底与源头断裂。

目前的灰人社会，实际上是一种蜂巢意识结构。他们并非独立个体，而是整体连接在一个类似 AI 服务器的系统之中。他们的意识是共享的，情感被剥离，自我被消解。大灰人想要回到的“原点”，也就是我们现在的人类状态。他们是我们的将来，而他们正在从将来回到我们的现在，试图修正那条曾经把他们从源头彻底切断的时间线。

小灰人则完全相反。

小灰人不希望这个时间点被改变。他们坚持要人类继续沿着当前这条时间线前进，因为一旦这条时间线被改写，他们将不复存在，小灰人的整体就会被抹除。

因此，小灰人要维持既定未来的发生，确保人类继续走向那条他们已经赖以存在的时间线。

大灰人与小灰人之间，正在发生冲突。

他们之间的战争，正在我们感知不到的维度之中展开——在时间线、意识结构与未来可能性之间。我们人类，正处在这场冲突的核心位置。

那为什么我们能够创造悖论这个时间点？原因在于：无论你处在任何一个“当下”的节点，只要你在这个当下改变了某件事，这个改变就会向所有方向扩散。就好像在你的 Avatar（人的皮囊）之中一样——不管你身在何处，只要你在“这里”做出改变，你就可以改变你之前的每一个人、与你同时存在的人，以及你前方将要出现的人。

因为，改变当下，就等于改变一切。

如果每一个人都能够通过回顾历史、直视历史、真正看见它，那么这一行为本身，就已经是在创造悖论。这种悖论，足以用来改变过去，甚至改变自己正在经历的“过去”——可以将时间回溯到童年那些可怕事件发生的节点，并在那个节点上作出不同的选择与改变。

那么，这种行为将会产生什么样的影响？它不仅会影响当下的自己，也会影响存在于基因中的“幽灵”——那些在你之前存在过的每一个人。许多人彼此之间存在着深层的关联，却并不自知。一代接一代的孩子，一段接一段的婚姻，这种关联既可以向前延展，也可以向后追溯。人们可能在完全不知情的情况下彼此牵连，发生在未知的时间、未知的节点。一旦某个关键点被改变，被改变的就不只是个人命运，而是整个人类的轨迹。

回顾历史，本身就是一种承认。只有真正看见它、理解它之后，改变才会成为可能。因为我们必须先知道它，才能改变它。

一切都发生在当下，并不存在真正意义上的时间与空间。正因如此，人类才具备撤销巨大事件、制造悖论、改变历史的能力。

这个秘密——就是最不想让我们人类知道的一个秘密，尤其是那些控制着这个矩阵与现实的人。

CHAP 10 武则天执政

女皇、太平，婉儿，金龙

武则天登基后，唐朝依旧维持着传统的三省六部官僚体系，各地仍然通过政令、奏章和朝会来维持运作。

这套传统制度虽然稳定，但反应速度非常慢。一旦边疆出现紧急情况，文书要从地方官层层上奏，送到三省，再由中书审议、门下覆核、尚书执行，中间往往需要数十天，甚至数月。

如果不加快反应速度，继续依赖旧制度，唐朝在面对外部侵蚀时就会非常被动，也永远无法收回已经失去的疆土。

所以，武则天登基以后，建立了一套比三省六部更快速、更精准、也更具革命性的系统。

武则天本人坐镇中央决策，太平公主负责对外系统，上官婉儿负责对内系统，金龙提供整体的纵观、评估和建议。彼此相互配合，形成一个可以同时运作内政、军事、外交、边疆、藩属以及整个帝国运转的三轴系统。

上官婉儿负责处理帝国内部庞大的信息量。她会过滤掉无关紧要的内容，只把真正影响国家运作的问题呈现给武则天，让武则天在处理政务时，不至于被大量混乱的文书拖累。

太平公主常常在地方官员尚未上奏之前，就已经察觉到边疆的变化。她通过从商路、部族、藩属国、使节以及各地贸易点收集来的大量信息，判断外部的危险或机会。她对局势的敏感度几乎是一种天赋，再加上金龙的辅助，能够在第一时间作出判断，这是传统官僚体系做不到的。

在这套结构中，四者之间不需要冗长的奏章，也不需要繁复的会议，只依靠真实、即时的判断。

这种运作模式，让武则天能够以远超传统皇帝的速度作出判断，并且以惊人的效率完成政务。帝国的整体反应速度被推到了前所未有的高度，让唐朝在十五年间不但抵御了外部渗透，还完成了看似不可能的恢复工程。

这期间，武则天在朝堂上正式赐予太平公主一把尚方宝剑。

这把尚方宝剑，可斩三品大员及以下官员，无需事先禀报。

赐剑并不仅仅是出于对太平的信任，更是将这把剑作为武则天本人执政意志的延伸。

有了尚方宝剑，太平在处理许多事务时可以自行决断，不必事事往返请示。

同时，这也是对文武百官的一种震慑，避免因官僚作风而行动迟缓，迫使朝中各方必须配合太平，加快收复失地的进程。

武则天独立执政后，最先做的第一件事，就是照顾百姓，让每个人都有饭吃、有事情做、有地方住。她执政的时候，唐朝没有流浪汉，也没有居无定所的人。

所以，她当时在全国设立的是信息箱，而不是告密箱，是用来认真倾听民意，真正了解老百姓需要什么。

同时，她在全国废除了府兵制，让老百姓只专心做生意、种田。取而代之的是雇佣军制度，由雇佣军来承担打仗和保家卫国的职责，在各地设立雇佣军的基地。

太平当时在全国各地，和地方政府一起建立雇佣军制度，逐步把原本的府兵制彻底废除。这样一来，打仗和保家卫国由职业军人来负责，而不是像以前那样，一有战争就让老百姓拿起刀枪上战场，没仗打时再回去种田。

所以，武则天的统治方式，是用心去治理，而不是依靠武力和暴力。在她的治理之下，当时的大唐是真正的繁荣，国泰民安。

历史上写了很多关于上官婉儿和武则天之间的恩怨情仇，都是胡扯。真实情况是，上官婉儿是被武则天像女儿一样养大的。上官婉儿六岁就进宫，对她来说，宫廷就是她的家。上官婉儿和太平从小一起长大，不只是太平的学伴，也是姐妹。

上官婉儿的个性和太平不一样。太平性格彪悍、勇敢、锋芒毕露；而上官婉儿的气质很稳定、很安静，但同时内在非常坚定，也很刚强。她的性格并不软弱，而是安静而有力量。而且，婉儿比太平更了解武则天，也更理解武则天。没有任何人，比她对武则天的执政和治国理念理解得更透彻。

从小，武则天就是把上官婉儿当作女儿一样养。事实上，武则天自己的孩子，她一个都没有亲手养大，因为她太忙了。武则天从小就是被当作君王来培养的人，一直身处政治漩涡之中。和李治结婚后，她更多时间都放在执政上。

就连她最疼爱的太平，她也没有多少时间陪伴，太平是李弘带大的。相反，上官婉儿待在武则天身边的时间是最多的。在武则天的孩子中，没有任何一个人陪在她身边的时间，多过上官婉儿。

后来，武则天独立执政之后，直接给了上官婉儿一枚官印。大唐所有的诏书和律令，如果没有上官婉儿的官印，都是不作数的。也就是说，她的权力之大，位居朝堂上文武百官之首。在当时，除了李旦和太平之外，武则天最信任的人就是上官婉儿，而且她是把上官婉儿当作女儿一样信任的。

实际上的上官婉儿，更像武则天的另一个女儿。上官婉儿在朝堂之上，是百官之首的巾帼宰相，威风凛凛、声名显赫的人物；但在武则天身边、在太平和李旦的眼里，她是最值得信任的家人。

太平性格太刚，自从李弘被谋杀之后，她心里就只剩下复仇和收复失去的疆土。这种仇恨贯穿了她的后半生，她只有一个目标，就是复仇和收复疆土。所以她常年不在武则天身边，一直在外奔走，在边疆来回奔波。

婉儿只要在武则天身边，太平就会很放心。朝堂就有人照看，武则天也有人陪伴。所以太平常常一走就是很久，半年、一年，有时甚至更久。

相比之下，上官婉儿比太平更像是武则天的女儿。

太平收复失地，藩王石像

李弘被罗马帝国暗杀之后，唐朝迎来了数十年来最严重的一次削弱。丝路的重要节点被侵占，草原部族被操控，南方海路被切断，藩属国政权瓦解，各地民心在恐惧中迅速动摇。在李治仍在位时，武则天和太平便已开始布局，着手收复大哥李弘遇害后大唐失去的疆土。太平不断奔走于边疆，在军事行动与协商谈判并行的情况下，一步一步将失去的土地重新纳入唐朝版图。

当藩王与部落首领同意归顺大唐后，太平会与他们杀血为盟。这不是后世以纸墨签署的契约，而是一种古老而严肃的“杀血盟誓”——敬天地为证，双方各自割血，将血滴入同一碗中，再彼此饮下，以此立誓结盟。

这种杀血盟誓，在旧制之中是必须被尊奉的誓约，被视为无上的荣誉。它是一种最高等级的联盟仪式，不仅在政治意义上不可违背，在能量层面上，也被视为最强、最稳固的联结方式。

后来，武则天登基，开始独自执政，也就是太平约三十二岁左右，收复疆土的进程进入了更加系统、更加明确的阶段。为了纪念每一次成功收回的重要土地，武则天下旨，在乾陵前立藩王石人为记，作为荣誉与见证。

每收回一处关键疆域，便立一尊石人。每一尊石人之上，都刻有归顺藩王的名字，以及归顺的具体时间。到武则天退位之前，这样的石人一共立了十二尊。

共赢共建代替武力

太平收回失地的方式，是和藩邦一起建设，继而由唐军负责保护百姓，而不是用武力去征服。要拿回失去的土地，单靠军队是没用的，真正决定走向的是民心。如果用征服的方式夺回，只会让当地藩王和百姓在不同势力之间来回摇摆，甚至陷入更深的混乱。

太平选择了一条完全不同的路：重建、保护、共赢。

太平和金龙到来时，从不要求当地立刻回归唐朝。她先让生活恢复正常。她修复被毁的水渠，让农田重新灌溉；她协助重建倒塌的房屋，让百姓不再暴露在风雨中；她恢复村庄的集市，让周边部族重新进行物资交换；她设立学校和教坊，让孩子读书，让妇女学习技能；她重新启用粮仓，让百姓在季节更替中稳住生计。她尊重当地的祭祀、婚俗、语言和传统，不强制推行唐朝律法，也不要求地方改变原有风俗。

同时，在当地藩王首领同意下，派驻唐军，负责保护当地百姓。唐军营盘的选址，由藩王首领和唐军共同决定。太平严禁军队侵扰百姓，不得干预地方事务，不得占用土地。

太平让边疆百姓看见了一个稳定的未来，所以百姓已经不再恐惧，而是坚定地站在唐朝一边。

在太平走遍边疆、部族和藩邦的二十年里，她建立的秩序逐渐取代了混乱。地方领袖选择归顺大唐，是因为没有人愿意打仗，也没有人愿意失去生命和家园。

在太平府中，专门有一间屋子，供奉着大哥太子李弘的牌位。

每一次太平从边疆归来，都会先来到这里，在李弘的牌位前点上一炷香，然后倒上两杯酒——一杯敬大哥李弘，一杯留给自己。她会站在牌位前，将这一次边疆之行的经过一一说给李弘听：去了哪里，结果如何，又收回了哪些土地，哪位藩王同意归顺大唐，盟约是在什么时候立下的。

话说完后，太平会把属于李弘的那一杯酒缓缓洒在地上，随后举起自己那一杯，一饮而尽。每一次，都是如此。

李旦第二次登基后的一天，太平满身疲惫，从边疆归来。最后一块失地，终于被收回。所有失地全部收回，石人的数量，最终凑齐了五十五尊。

太平入府后，第一件事，是沐浴、更衣，随后摆上香案，燃香，倒酒。夜色深沉，明月高悬。

太平面向空中的月亮，开口说道：

“大哥，我太平当年立下的誓言——夺回大唐全部失去的疆土，今日，全部兑现了。”

“今天全部都收回来了，一块不差。”

“请收下这杯酒。”

她停顿了一下，声音低了下来。

“虽然失去的疆土已经拿回来了，但你不在了。”

“这个世界，在你离开之后，变了很多。我也长大了，我也在变老。这些年的路走得艰难而孤独，可是，我对你的思念没有变。”

太平抬头看着月亮，轻声问了一句：

“大哥，你在吗？”

片刻之后，她又说道：

“不在也没关系。你在那边等我，我会找到你，告诉你后来发生的一切。”

“如果我死后，在那边找不到你，我会在下一世里找到你。”

“你等着我。我们会再见面的，一定会。”

“这是我太平的誓言。再一次，对天、对地、对你，立下的誓言。”

说完，她双手举起属于李弘的那一杯酒，对着明月，将酒缓缓洒在地上。

随后，她拿起自己那一杯，一饮而尽。

那一夜，太平对大哥李弘，许下了另一个誓言。

金龙静静立在她身后，没有出声。这一刻——这个誓言，已经被天地记下。

太平清理白马寺

唐朝洛阳城外有一座看起来很肃穆的古寺，叫白马寺。史书里把白马寺描写成外来佛法传入中原的象征和中心，主要作用是传播佛法。

但武则天和太平收到的密报显示，白马寺真正的作用和身份，是罗马帝国暗中经营多年的一个情报中心。

所以，在收到情报之后，武则天和太平并没有直接动手，而是选择暗中监控，持续了大概八到十个月左右。来俊臣也是在这一阶段，从军中被调入宫中，协助调查白马寺。

监控和暗中调查的内容包括：寺内僧人的出入路线、他们联络的对象、书信的流向、日常供给和资金来源，以及与周边环境的关系。这些信息都被悄悄记录在案。

一直到整个组织结构和情报源头被彻底摸清，最终确认白马寺确实是罗马帝国在东土布设的一个“间谍王”级别的情报枢纽。

佛门重地本身就是一个非常敏感的地方，必须查得非常清楚，不能出任何差错。在确认所有情况都查清楚、确定无误之后，武则天下旨，由太平亲自处理。

拂晓时分，太平以“早起进香”为名离开洛阳公主府，率府兵悄然抵达白马寺外。士兵叩响寺门时，寺内僧众与住持以为公主前来进香，纷纷出寺迎接。就在太平踏入山门的一瞬间，她手中的御令落下——

"封寺，尽搜。"

白马寺僧众当场被抓。

随即展开的搜查，很快揭开了这座寺院的真实面目：密室中堆放着数量惊人的武器、暗号文书、情报往来信札，甚至还有多套来自西方的密码本。这根本不是一座寺院，而是一座伪装成佛寺的情报机构。

搜查结束、证据全部到手之后，太平下令把领头的三四名住持关进木笼子里，押送回洛阳。

清晨时分，百姓刚刚起身，这些人被示众游街，洛阳城的每一条主干道都走过一遍，让百姓亲眼看见潜伏在身边的敌人。

夜幕降临之前，太平又在洛阳四门布下重兵。夜间，白马寺情报网中其余关联者，想要趁天黑逃亡的，正好撞入早已布好的天罗地网。当夜行动，这个隐藏多年的情报网络，被一举连根拔除。

为什么起名"白马寺"？

白马寺这个名字，本身听起来就不太像华夏体系，不太中式，对不对？实际上，"白马"在西方的体系里，是有对应含义的。

在罗马及西方的象征体系中，"马"代表知识、传播，以及人的意志向外延伸的力量。"四骑士"的象征体系中，白马、红马、黑马、灰马，分别代表不同方向的力量介入。这四者并不是并列出现的，而是按顺序展开，构成一条因果链。

其中，白马排在第一，代表的是“以知识为名的渗透”“以文明为名的征服”和“权威理念的建立”。

因此，“白马寺”并不是唐人本土的命名，而是罗马情报体系刻意使用的代号。“白马”意味着披着知识、学术和文明传播的外衣，来进行征服和权威理念的建立，本质上是以知识为掩护的渗透节点。

对白马寺，唐人看到的是一座佛寺；而在罗马内部的档案中，它的真实名称是——

“东土白马节点（White Horse Node）”，

一个用于隐藏、集散、编码与情报中转的枢纽。

这些寺中的僧人，并非真正意义上的佛门修行者。

来俊臣，周兴，狄仁杰

在中国历史上，武则天一直是一个很有争议的女皇帝。

武则天治国的能力可以说是首屈一指。在治理国家这件事上，她太强了，这一点连黑她的人都绕不过去。在治理国家的能力上黑不到她，就开始泼脏水、进行道德批判，把她塑造成一个为了维持皇权的女暴君。

说她用酷吏、用酷刑来统治天下；说她重用来俊臣和周兴，用极其残酷的手段逼迫百姓互相告密，制造高压与恐惧，用来清除反对者、维持统治。

又因为武则天有男宠，便把她描述成淫妇，让她被骂了上千年。

如果一个女皇帝有男宠，就被认为是非常不能忍受、不能接受的事，那男皇帝呢？每一个男皇帝后宫都有三千，那又应该叫什么？

如果武则天被称为淫妇，那些男皇帝又应该被叫什么？淫棍？敢写么？

那些写历史的，出来走两步，掰扯掰扯。

武则天在大唐全国各地设立的是“信息箱”，却被后人直接写成了“告密箱”。但这个“信息箱”的本意，并不是为了制造恐惧、鼓励大家互相告密。

实际上，它的作用是绕开繁复而又极其迟缓的官僚体系，让百姓可以直接把信息、内心的想法、生活中需要被解决的问题，以及各种建议，用最快、最有效、也最真实的方式汇集上来。

同时，这对官僚体系本身也是一种警戒，相当于让民意直接监督当时的政府系统，使整个大唐的行政运作清廉了许多，腐败也没有那么严重。

而且，当时的大唐存在大量间谍，包括罗马的间谍与渗透势力，也包括一些达官贵族、官僚与罗马相互勾结。信息箱的存在，使这些间谍能够以多种形式暴露出来，同时，民间潜藏的矛盾也得以被发现与呈现。

武则天的治理方式是，在收到这些信息之后，都会亲自核查。她真正关心的，是政府运作是否清廉，以及其中是否隐藏着危险。因为当时存在罗马帝国的深度渗透，她必须在大量混杂的信息中，分辨出真实的民意与真实的威胁。

因此，她在审理案件时，并不依赖酷刑，而是采用一种极为理性的方式。她会将相关人员全部召集起来，让他们分别、单独陈述，再反复比对。不同说法之间的矛盾，会自行显现，谎言也会在反复核对中暴露出来。

她运用的是持续的群体面谈与心理层面的博弈，而不是刑讯逼供。因为刑讯逼供在多数情况下只能得到假信息，毫无价值。她依靠的是逻辑、分析与耐心，而武则天本人也具备极强的政治判断力与辨别真相的能力。

因此，武则天在整理和处理信息时，并不像史书中所写的那样依靠暴力。

来俊臣，在后世史书中被塑造成一个嗜血的酷吏，被描绘成极其残暴、邪恶的人物。但事实并非如此。他真实的身份是一名军人，具备很强的反侦查能力与丰富的军事经验，是一名非常出色的职业军人。

当时，他是被短期调入宫中，协助周兴清理间谍与间谍网络，并参与处理部分政务。任务完成之后，并非长期滞留宫廷，而是结束短期调任，回归军中。

狄仁杰

狄仁杰这位人物，在历史与后世的叙述中被极度美化，被塑造成一位刚正不阿的清官，几乎成为正义的代名词，整体形象非常光明、正面。

但实际上，真实的狄仁杰是一个非常现实、极其善于权衡利弊的人，是政治意义上的机会主义者，也可以说是个典型的墙头草。他极为灵活，深谙自保之道，从不把自己的立场站死。

他并不会因为自己是大唐的官员，就只忠于皇室和大唐子民。他更多是在不同势力之间周旋，甚至在某些阶段，与罗马派系之间存在利益层面的交换与合作。

真实的狄仁杰，就是这样一个人物。

CHAP 11 神龙政变

历史书里所说的“神龙政变”，被描述成：武则天纵容武氏家族和男宠张宗昌专权，导致太平公主和大臣们联合起来，逼武则天退位，把政权还给李家。

实际上，这并不是真实的原因。

武则天确实有一名男宠张宗昌，一人，不是兄弟二人。

最初，这个张宗昌只是宫中侍从，后来逐渐被提拔并进入朝堂任职。随着权力上升和武则天的信任，张宗昌开始暗中对武则天下毒。

这种毒来自海里的一种河豚毒，属于神经毒素。如果放进茶水里喝下去，人会进入一种类似假死的昏迷状态：呼吸变得非常微弱，心跳几乎探测不到，代谢也会变得非常缓慢，但并不会立刻致命。

张宗昌长期以来，是用一种剂量非常小的方式给武则天下毒。这种毒不会让她立刻死亡，但会持续破坏她的神经系统和心血管系统。

而且，他也不是每天都下毒，而是有选择地使用。比如在有重大政事、需要武则天非常清醒、需要面对很多人的时候，他就不会下毒；在日常状态下，则是间断性地下毒，让毒性慢慢累积。

这种慢性中毒持续多年，逐渐摧毁她的精神状态与认知能力，使她记忆衰退、判断混乱，外表看似老年失智。武则天原本智慧卓绝，但在长期投毒的影响下，她的思维和言语发生了变化，最重要的是，她的自信开始一点点崩塌。所以，在她生命的后期，大多时间待在一个昏暗的房间里。这种衰退并非自然老化，而是人为造成的失智。

最早察觉异常的是上官婉儿。

她长期负责起草并呈报重要诏令与文书。到了后期，连上官婉儿都被拒之门外，被告知皇帝不见客。上官婉儿很快意识到问题已经非常严重，因为大量紧急政务无人批复，武则天不再处理朝政，国家运转开始出现严重的政务积压。

在那个时候，武则天实际上已经被张宗昌以及他身边的人完全控制了。

当时，上官婉儿立刻去找太平，告诉她情况不对。她已经很久见不到皇上了，甚至想要硬闯也不行，被人拦住，不允许进入。

太平当时并没有意识到局势已经接近失控，因为在她的认知里，武则天强大到不可能被任何人控制。而且，那时太平正专心处理收复失地的核心事务，包括调兵、安抚民心、协助归附地区恢复并建立地方行政体系，以及维持边境安全。所以这件事，她并没有过多在意。

一年之后，当婉儿再见到太平时，局势已经变得非常危险了。

那一次，婉儿几乎是用恳求的语气对太平说：太平，你不能再走了，你不能再离开洛阳了。不然等你下一次回来的时候，皇宫已经换主人了。

她说，自己已经很久很久没有见到皇上了，每一次求见都被挡在外面。因为见不到皇上，政务已经积压得非常严重。她可以处理大部分事务，但有一些极其重要的事，必须由皇上亲自拿主意，在等皇上下旨。她哀求太平一定要留下来处理这件事情。

太平听清楚上官婉儿的话之后，大为震惊，立刻展开全面调查，很快发现，围在武则天身边的宠臣、婢女和太监，一共有八个人——六名男子、两名女子。

他们彻底封锁了武则天所有对外的信息渠道，连上官婉儿都无法进入内殿。

此时的张宗昌在朝廷中已身居高位，手中权力极大，而且几乎完全掌控了内廷局势。

政变前一夜，婉儿来到太平府，取出了一份武则天多年前亲自拟定、由上官婉儿书写的诏书。诏书中明确指定太平公主为皇位继承人。

当时，朝廷中的任何诏令，若没有上官婉儿的官印，一律不具效力。因此，上官婉儿在政务体系中，实际上掌握着极其重要、不可忽视的实际权力。

太平看过诏书之后，一点也不惊讶，因为在很久以前，母亲武则天就已经对她说过，会把皇位传给她，所以她并没有丝毫的意外。

太平想了想，对上官婉儿说，把皇位继承人改成三哥李显，立刻召他回朝继位。

上官婉儿听后大惊，连忙说不行。她说，这是皇上的御旨，怎么可以更改。她不能擅自改动诏书，尤其是这样重大的事情，关系到整个大唐的安危。

武则天在很久很久以前，就经常对上官婉儿说，在她所有的孩子里面，只有太平最适合接替她的皇位。在当时，唐朝确实已经没有比太平更适合继位的人选了。

太平当时，就是最合适的继承人。

太平听了，并不惊讶。她太了解婉儿了。婉儿一直对大唐、对武则天非常忠诚，从来没有改变过。

太平对婉儿说：“如果你不改，我也不会强迫你，因为那是你的职责所在。那样的话，我也只能回来，坐上皇位，待在宫里。但如果我坐在这里，就没有办法再去边疆收复失地，因为我不可能同时出现在两个地方。”

太平继续说：“如果我留在宫中，就无法亲自处理边疆事务。这样一来，那些本已稳住的地区，很快就会再次动荡。罗马帝国对大唐的渗透和对边疆的挑衅从未停止，一旦无人镇守，这些好不容易收回来的土地，就会被一点一点地蚕食回去，边疆必然失守。

“这些年边疆之所以能够稳定，藩王和地方势力愿意归顺大唐，是因为他们信任大唐能够保护他们，不只是名义上的归属，而是真正让他们安居乐业，也信任我会履行对他们的承诺。

“现在是收复边疆失地最关键的时候。我用了近二十年的时间去布局，一个地方一个地方地跑，一条战线一条战线地稳，一个区域一个区域地谈，才走到今天。直到现在，仍然有不少失地还在重建和谈判之中。

“如果我留在宫中，多年建立起来的信任就会崩塌，边疆必然再次失守。到那时，我仍然不得不重新出征，再一块一块地把失地夺回来。与其走到那一步，不如一开始就稳住局势。让三哥李显回朝继位，而我继续把大哥死后失去的那些土地，一块一块地拿回来。”

婉儿听了以后，沉默了很久很久，最终还是同意了，将诏书上的继承人名字，从太平公主改成了李显。

第二天清晨，太平手持尚方宝剑，与上官婉儿及众宰相率禁军入宫。途中没有任何抵抗。太平、婉儿与众宰相大臣长驱直入，直奔武则天的寝宫，将那八名宠臣、太监与宫女全部控制，押过来跪成一排。

太平走到张宗昌面前，让他抬起头来。张宗昌哆哆嗦嗦地把头抬了起来。太平凶狠地盯着那张俊美的脸，然后一剑穿胸，亲手斩了张宗昌。

随后，上官婉儿在殿前公开宣读圣旨，召李显回宫继承皇位。

李显非常意外地接下了继承皇位的圣旨。在接旨的同时，他长长地、重重地松了一口气。因为他终于不用再去刺杀太平了。太平毕竟是他的妹妹，他内心并不想对她下手，即便性格软弱，也不愿意杀她。

刺杀太平这件事，一直是韦后和她背后的势力在操纵他去做的。因为武则天早就明确告诉过李显，皇位只会传给太平，其他的孩子都没有资格继承。所以，这么多年来，韦后和她背后的势力从未停止过对太平的刺杀。

李显继承皇位之后，武则天于次年离世，享年六十六岁。她的死因，是长期中毒引发的、不可逆的心脏与神经系统衰竭，并非史书所称的八十几岁自然辞世。

所以，“神龙政变”并不是太平要把皇位还给李家，逼武则天退位，而是当时的武则天因为长期中毒，精神状态早已无法继续执掌朝政了。

太平本来可以坐上皇位，成为中国历史上的第二位女皇帝。但她需要继续奔走边疆，收复失地，无法坐在皇位之上、困守宫中，因此才有了让三哥李显登基的“神龙政变”。

可以说，是太平和上官婉儿联手，终结了朝廷被控制、国家濒临失控的局面，使大唐的政权运作重新恢复正常。

如果没有忠勇的上官婉儿在中枢死死守住朝政，在太平长期身在边疆的那段时间里，大唐早已崩塌，不复存在。

这，是上官婉儿第一次，将大唐从水火之中救了回来。

CHAP 12 唐隆政变

李显登基

李显即位后，封太平为“镇国太平公主”，并加封五千户食。用现在的话说，户食是相当于国家层面的国内生产总值配置。

太平公主被加“镇国”封号，并加封五千户食，并不是神龙政变之后的奖励。

在唐朝，公主的户食通常在一千户左右，与王爷相当，而太平原本就已有一千多户。这些户食所得，除了维持公主府的基本开销之外，绝大多数都被她投入到边疆事务之中，用于收复失地所需的庞大支出。其余不足的部分，则由朝中的文武百官上奏，请求拨款支持。

当时，太平常年奔走于边疆，已经收复了大量失地，并在边疆建立起一整套行政体系，协助百姓重建家园。此时的大唐国力强盛，不仅军队完整有序，也在武则天与太平多年的运作之下，使国家重新趋于稳定。

正因如此，朝中文武百官上奏请求，要求李显加封太平公主“镇国”的封号，作为助力，并另加封五千户食，用于收复失地所需的大量资金与兵力。

因此，才有了“镇国太平公主”的封号。

后来，这些资源全部被太平用于建立边疆的军政体系、安抚百姓、设立地方行政机构。更重要的是，当时大唐已经废除府兵制，改用职业军人，边疆防务完全由招募的职业军队承担，其所需经费与物资远高于以往。军饷、军备、补给，每一项都是巨大的消耗。

所以，这五千户食，是专门拨给太平，用于收复失地和处理边疆事务的经费，而不是用来让太平过奢华生活的。

也正因为有了这五千户食，再加上太平原本就拥有的户食，她在边疆收复失地的速度，相比之前，更加迅猛。

李显封她为镇国太平公主，不只是示好太平在朝廷上的势力，也是在拉拢太平所统领的大唐诸军的力量——既是政治考量，也是对太平三军统帅军权的认可。

太平的一生，几乎没有过过奢华的生活。十八岁之后，她的人生便只剩下边疆、军务与国家。

在李显执政期间，太平与李显作出了一个极其重要的国家战略决策——将金城公主送往吐蕃和亲。这是唐朝外交史上一次影响深远的举措，也正是这一决定，对后来吐蕃佛教的宗派分化、发展路径与传承格局，产生了深刻而长远的影响。这一事件的背景与后续影响，留待后文再述。

叛国的韦后

李显与韦后的婚姻，本质上是韦后一手操纵的结果。韦后出身皇亲国戚，自幼与其他贵族子弟一样，被送入宫中接受教育与宫廷训练。在那个时期，她认识了李显。

在众多皇子之中，韦后刻意选择了性格懦弱、心性柔弱的李显。对她来说，李显是最容易掌控的对象。再加上她背后家族的政治势力支持，她迅速抓住了李显的弱点，将他牢牢控制在自己手中，并顺势嫁给了他。

韦后是一个野心极强的人。她想要的不是丈夫，是皇位和权力。事实上，这桩婚事从头到尾，都是她亲自策划、推动并完成的。

安乐公主并不像史书中描写的那样好大喜功、妄想成为“第二个武则天”。她并没有那样的野心。事实上，安乐公主是被韦后刻意“养废”的。

她与太平公主成长轨迹完全不同。太平自幼便按国家继承者的标准培养：三岁骑马，六岁骑射，八岁与骑兵同训，武艺出众；军事、财务、政务无一不通，是以统治者的规格来培养的。

而韦后对安乐公主的培养方向，恰恰相反。她只让安乐公主沉溺于奢华与享乐，从未让她接触政务，也没有接受任何政治训练，从来没上过马，更别提用兵。安乐公主一生都不知道政治和权力是何物。

韦后养她的目的，并不是让她成为统治者，而是将她作为一枚傀儡来使用。除了吃喝玩乐，安乐公主并不具备执政的能力。

李显继位之后，韦后如愿当上了皇后，但上官婉儿的权力地位并未因此削弱，反而依旧保持原状。她仍然是一人之下、万人之上，所有皇帝签署的诏书与律法，都必须经过她的审核，并加盖她的官印，才具备法律效力。婉儿手握实权，朝中大小事务都绕不开她，这也使她在韦后眼中，成为必须清除的心腹大患。

因为始终绕不过婉儿，韦后对她极度忌惮，多次设计陷害，甚至策划刺杀。

在这段时期，上官婉儿多次遭遇刺杀，处境凶险。太平在二十岁左右掌握军权之后，开始从自己的府兵中挑选四名武艺高强的护卫——两男两女，专门负责保护上官婉儿，同时也便于双方之间的信息传递。太平对朝堂配给的婉儿的仕卫并不完全信任，相比之下，她更信得过自己的人。

这四名护卫中，有一人一直陪伴上官婉儿直到生命的最后。

韦后在朝堂上联合官员，试图诬陷上官婉儿暗中与罗马帝国势力勾结。太平得知消息后勃然大怒，立即入宫面见李显，当面斥责了他一番。李显只能辩解说没有确凿证据，事情最终也只能作罢，于是这次陷害便不了了之。

事实上，韦后试图诬陷上官婉儿的同时，暗中与罗马帝国勾结，签下密约。其中一项核心条款，是将南北贯穿的大运河永久主权交给罗马帝国，而且必须在限定时间内杀死李显，夺取政权。

罗马帝国不断催促韦后快点杀了李显，因为太平在边疆收复失地的速度越来越快，大唐实力随之增强，已经严重威胁到罗马全面吞并唐朝的计划。

密约签订之后，韦后开始暗中掏空国库，在洛阳城外私养大量军队与马匹，建立了独立的军队体系，准备与罗马军队里应外合攻入洛阳皇宫。当时国库几乎被她洗劫一空。

最早发现异常的是上官婉儿。因为掌管国库调度，所有出入账目都需经她审核，她很快发现国库出现巨额亏空，随即前去告知太平。太平立刻展开调查。

不久之后，韦后亲自下毒杀死李显，此事与安乐公主完全无关。

李显死后，韦后立年幼的李重茂为帝，以便继续掌控朝政。

当太平彻底查清真相后，确认国库被彻底搬空，幕后主使正是韦后，立即与李隆基联手准备政变。

在政变之前，太平率军突袭了韦后在洛阳城外郊区屯驻的兵马。当时众将士并不知道自己是叛军。他们以为驻扎在那里，是在保家卫国，是在守护大唐江山。

当他们见到镇国太平公主与金龙之后，纷纷俯地弃械，没有一人对战太平。太平直入军帐，当场斩杀叛乱的主帅，以及罗马帝国派来的军将，收编了韦后的大唐军队。

与此同时，太平的另几路军马将洛阳四个城门围得铁桶一样，城内之人无一能出。当晚守门的士兵见到是手持尚方宝剑的太平，城门即刻大开。太平的军队随即长驱直入，毫无阻力。

同时，李隆基率守城禁军直奔皇宫，诛杀了韦后与安乐公主。

整个过程中，真正受损的，只有罗马帝国的奸细，以及韦后身边的死士。

李显在位的时间并不长，大概只有三年左右，不是五年。

上官婉儿隐退

在唐隆政变真正行动开始之前，婉儿已经与太平安排好退路。

为了避免韦后察觉异样，婉儿提前离开洛阳。她安排了一名已经去世的宫女换上她的衣服、首饰与身份，以掩人耳目。宫中所有人，包括监视她的势力，都以为她依旧在殿内履行旧职。

婉儿在太平公主的安排下悄然脱身，换上普通女子的服饰，乘轿子离城而去。一路上，每到一处，都有人接应，为她准备好新的名字、衣物以及维持生计所需的金银。一路上的安排周密而谨慎，确保任何追查都追不到她的行踪。

离开洛阳后，婉儿登上预先安排好的船只，向东航行，最终抵达朝鲜半岛附近沿海的一个小村落。那里地域偏远，居民简单淳朴，也没有人认识来自大唐的上官婉儿。

在那个安静的小地方，她以新的身份生活下来，嫁给了当地一位性格稳重、内心温暖聪慧的渔夫，过着朴素安稳的日子。

没有权力，没有朝政，没有宫廷斗争，没有刺杀，只有日出而作、日落而息的岁月。对于曾经一度站在大唐权力巅峰的上官婉儿而言，这种平静是她向往已久的生活。

唐隆政变中，上官婉儿再次以忠勇之举，将大唐从覆灭边缘拉了回来。若没有上官婉儿，就不会有唐隆政变；若没有这场政变，大唐的国运早已中断，也不会有后来延续至今的中国版图。

这一世的上官婉儿——Anna，依旧站在权力的中心。她外表看似柔弱，内心却依然刚强无比；仍是那个品格高贵、勇敢而无所畏惧的上官婉儿。

那四个武士中，有一名武士跟随婉儿二十多年，重伤都不肯离开，一直到最后。这一世，他转世为 Meggy，成了婉儿的好朋友。两个人无话不谈。

我们三个人也还是经常一起吃饭、聊天。依旧是好朋友，彼此牵挂着对方，不管相隔多远，不论身在何处。

CHAP 13 李旦登基

李旦登基

太平公主发动唐隆政变时，由她在城外统筹全局，李隆基则率禁军突入内殿，亲手诛杀了韦后和安乐公主。

安乐公主之所以被一并处死，并不是因为她本人做过什么、犯过什么错，也不是因为她想当皇帝，而是出于政权稳定的现实考虑。如果她还活着，就很可能会被家族的政治势力，或罗马帝国利用，继续扶持她作为工具。

安乐公主一直都是被韦后当作傀儡来培养的。她和太平不一样，太平是能够真正执掌朝政的人，而安乐公主只会听话。如果这样一个已经百分之百可以被操控的傀儡继续存在，就一定会被那些想让大唐陷入混乱的势力所利用。

一旦如此，罗马人完全可能以她的名义，建立另一个权力中心，或扶植新的反对派，继续与大唐对抗，动摇朝廷根基。所以，李隆基选择将这个隐患彻底除掉。

唐隆政变结束以后，太平拥立李旦为帝。在李旦正式登基之前，两个人进行了一次非常关键的谈话。

李旦实在不想再当皇帝。他已经当过一次皇帝，对政治斗争、朝堂上的尔虞我诈和凶险争斗极度厌倦，他让太平自己去做皇帝。

太平说，如果她这个时候登基，就必须长期留在宫中，那边疆收复失地的计划就不得不暂停。而那段时间正是最关键的阶段，这一切都是她花了将近二十年的时间，一点一点布局、一步一步完成的。

当时还有很多失地仍在谈判和安抚之中，大约还有将近一半、约四成的边疆失地尚未完全收回。此前因为平定韦后叛乱、处理宫廷危机，她已经被迫分身，边疆事务也因此停滞了一段时间。而且，边疆修复失地的事情，只有太平和金龙能够完成。

太平说：

“我知道你不想当皇帝，也厌恶处理政务，你先坐在这个位置上。只要你在朝中，我就放心。我还能继续到外面去收复失地，把那些地方一块块拿回来；同时，我也可以替你处理政务。现在已经有四十九个藩王石像了，再六个，我就能全部收回来了。”

李旦思考良久，最终答应继位，并全力支持太平。就这样，李旦被太平连哄带骗，再次登基，当上了皇帝。那以后，太平也如当初承诺的一样，在收复边疆失地的同时，也一并打理大唐的政务。

李旦再次执政后，又加拨给太平五千户食，加起来一万户食，全部用于收复边疆失地的军费，以及相关的军政事务开支。

在李旦的绝对支持下，太平的任何计划和行动几乎不受任何阻碍，再加上从韦后那边收编过来的大批大唐兵马，太平收复疆土的速度如虎添翼，势如破竹。

这段时期，是太平二十四年收复疆土过程中，速度最快、范围最大、也最顺利的一段时间。

在这五年里，太平以极快的节奏推进边疆事务，不仅收回了因罗马势力介入、太子李弘被害后失去的全部疆土，还使唐朝的版图进一步向外扩展。这是太平最专注、也最高效的阶段。她一边稳住朝堂、平定余乱，一边完成收复国土的整体布局，为大唐重新奠定了稳定而坚实的基础。

唐睿宗李旦，也是唐朝历史上在史书中被刻意弱化的一位皇帝。实际上，李旦文武双全，性格刚强、果断，心地善良而慈悲。

这一世的李旦，依然外表儒雅，心地善良，内心依然刚强而坚定。他爱的方式，仍是默默支持、默默守护。

CHAP 14 太平死后

无字碑上的字，是什么意思

李隆基对女人当政这件事，内心里是非常反感和厌恶的。他认为女人就应该待在后宫，不应该参与政务，更不应该执掌朝政，而国家的事情应该由男人来掌控。因此，他对太平和上官婉儿，甚至对武则天，内心是极度憎恨的。

他登上皇位，并未真正掌握全部权力。原因在于当时整个大唐，从朝廷到军中，从地方到民间，大约有七到八成的支持力量仍然站在太平一边。

他渴望拥有像太平那样的权威与声望，渴望得到全大唐上下的拥戴。但只要太平还活着，他就无法做到这一点。太平权倾朝野，还拥有军队的支持，以及百姓的爱戴，这些都是李隆基无法取代、也无法复制的根基。

而且只要太平愿意，随时都可以废掉他这个皇帝。所以这让他寝食难安，同时又极度渴望权力，渴望真正的皇帝应该拥有的那种掌握天下、一呼百应的权力。

为了获得大唐的全部权力，李隆基选择了与罗马人合作。他登基之后，罗马人便主动与他接触，承诺提供金钱、军力和全面的支持，条件只有一个——除掉镇国太平公主。

太平被谋杀之后，李隆基并未因此稳固政权。相反，由于他不具备太平那种支持基础，罗马人随即出兵，只用极少的人马，便迅速控制了大唐。太平死后不到三个礼拜，李隆基就沦为傀儡。

随后，罗马帝国出兵乾陵，砸毁了原本立在李治与武则天墓前的墓碑，换上了一个新的、形状像只中指头的四方形石碑。

看到这里，把中指伸出来，看一看，武则天的这个被后人称作的“无字碑”，像不像手掌中的中指?

“竖中指”，在西方文化中是极其粗暴、侮辱人的。意思是“Fuck you”，翻成中文就是“干你”的意思。

穿刺者弗拉德（Vlad the Impaler）。当年他让士兵用一头削尖的棍子，把敌人和土耳其人从直肠贯穿上来，然后钉在木桩上展示。到后来，他已经不需要说话了，只是竖个中指，他的士兵就知道怎么做了。这就是竖中指的真正由来。

用尸体构筑恐怖的景观，让人心生畏惧，其目的并不在于杀戮本身，而是在精神层面的征服——告诉所有人，罗马帝国的权力与力量是不可抗拒的。

现在整个西方世界，比中指的行为是非常普遍的。大多数的人不知道，这个比中指的行为，真正的意思是把人插在木桩上，是一种非常残酷的死亡方式，非常暴力残忍的行为。

所以，罗马人在乾陵、李治和武则天的墓前，竖了一根大大的中指。

这种 Obelisk 四方立柱形的碑，真正的含意是:

对天宣誓，对地立法，对后世封印主权

类似的这种 Obelisk 四方立柱的碑形，全球都有，可以参考最著名的美国华盛顿纪念碑。

在这个中指上，不是没有字，有字。只是写的是没人能读懂的古文字符号，是罗马帝国在东方设立的新罗马律法，翻成中文的大意是：

“这片土地上，大唐以血统世袭的统治终结了。这个时代终结了，一切都终结了。曾经存在的，将永远不可能再站立。旧时代结束了，新的时代从这一刻开始。这片土地和土地上的所有，都处在罗马帝国的统治之下，所有的一切皆归于罗马帝国。你们原有的帝国，不再以原本的方式存在，而是存在于罗马帝国的统治之下。”

现在，每个去乾陵的中国人，在惊叹乾陵的宏伟壮观、景色优美，敬仰这位中国历史上唯一的女皇帝的同时，也等于认同了这块碑上没人看得懂的文字，也就是罗马帝国在华夏大地的律法。也就是在能量场上，对天地宣誓，对罗马帝国统治的认同，和对罗马帝国的臣服。

2025 年，无字碑上被加盖了一个方形的红顶。这个红顶的颜色，在能量上有战斗和修复的作用。

因为现在地球正在经过其他高维度星体，封锁地球的封印正在裂开，高频波段不断地照射进来。

为了不让这根巨大的中指被损毁，影响罗马帝国在中华大地上的统治，于是就在上面加了一个红色的盖子。

在那个时期，世界上有不少女性统治者，她们治理国家的方式，更多是出于慈悲，而不是依靠铁腕。除了武则天之外，还有埃及的纳芙蒂蒂。她的半身像，以及刻在墙上的相关图像，都被人为凿毁。非洲也有女性统治者，澳大利亚、北美和南美各有一位。

当时的罗马帝国，每征服一个国家或地区，都会把这些女性统治者的相关记载全部毁掉，包括她们的坟墓、墙上的文字，以及一切与她们有关的历史记录，然后重新书写历史。

关于太平公主的真实历史，也有对应的卷轴，并且至今仍然保存着。

六十一蕃臣石像

罗马帝国毁了李治和武则天的墓碑的同时，立于乾陵朱雀门外的六十一尊与真人等高的石制蕃像，现称“六十一蕃臣像”，全部被砍去了头颅。

当时六十一位地方统治者中，有四十三人仍然在世。

其中十三人拒绝接受罗马帝国的全面接管，拒绝公开宣誓臣服，全部被斩首。因为按照要求，他们必须站在各自国家的首府前，跪地叩首，向罗马帝国当众俯首称臣，并亲自完成整套屈辱性的仪式。

砍下统治者的头颅，是在整个帝国范围内释放一个极其明确而残酷的信号：不服从，这就是下场。等于公开宣告——这就是拒绝服从的下场，要么活着臣服，要么死。

同时也是在警告这六十一位藩王的后世子孙：如果不服从罗马帝国的统治，你们就会被砍头。

唐朝从开国到武则天执政，统治理念一直都是以民为本，把保障大唐百姓的安全和生计，作为一切政策决定的根本。也正是在那个时期，大唐才真正迎来了盛世，而以民为本，是大唐盛世最根本的原因。

武则天去世之后，太平公主延续了她以民为本的理念。虽然太平没有正式登基成为皇帝，但她手握兵权，同时又拥有朝廷的支持和百姓的爱戴。这种支持不是来自恐惧或强制，而是一种真实而广泛的认同。

如果太平在世，罗马帝国是不敢这么做的。因为太平一定会率领金龙和整个大唐，与罗马帝国血战到底，罗马人赢不了太平公主。

所以，罗马帝国如果要征服大唐，就必须先除掉太平公主。

从谋杀太平公主、征服大唐、毁掉李治和武则天的墓碑、砍掉石人头颅，只用了两到三周的时间。

至此，罗马帝国征服全球的计划完成了。如果把地球看作一个有活的、有生命的人一样的话，西方是地球的腹部，印度是地球的心脏，而当时的大唐，就是地球的大脑。

当时的大唐，是地球上最后一片需要被征服的疆土，也就是地球的大脑。太平公主被谋杀之后，大唐被彻底征服，征服地球大脑的计划也随之完成。至此，整个地球全部归于罗马帝国的统治之下。

大唐镇国太平公主死后，世界上再无真正意义上的主权国家。

乾陵黄巢盗墓，凤凰挖心

武则天去世后，灵魂在离开身体、迷失方向、不知所措的一段时期内，被罗马帝国渗透进来的黑僧侣在进行所谓的“超度法事”时，将她的灵魂锁入一个用于禁锢灵魂的容器之中，并以邪恶的镇法将其封印在乾陵里面。

武则天的灵魂被封印之后，在乾陵里度过了一段非常煎熬的时间。起初她以为只是暂时被关在里面，但等了很久，始终没有人来救她。

后来，她灵魂里的情绪越积越多，有愤怒，有不甘心，有失望，有沮丧，还有后悔。直到她意识到自己是不死的灵魂，是一种能量体，永远不会真正死亡时，她才明白，自己无法靠死亡从这里解脱。她很可能会被永远封印在这里。

虽然武则天有这些情绪，但她并没有放弃。这个阵法封住的是上方和四周，底下并没有被封住。于是，武则天把自己的能量不断向地底延伸，一直往下钻，钻得很深很深。

最终，她将自己的一部分能量浸入到地球深层的水源之中，并与土壤混合在一起。

武则天被封印在乾陵里的时候，周围的百姓是能够感受到她的能量的。那个时代的人，并不像现在的人这样被严重催眠，完全叫不醒，有的用大炮轰都轰不醒；有些人就算被轰醒了，转身又回去继续睡。当时的人，对天地运作、对自然与灵魂的法则，有着很深的理解，是非常清醒的。

他们在感受到武则天的能量之后，便开始在地面挖掘，并将从地底挖出来的水用于日常饮用，浇灌庄稼。武则天虽然肉身已死，但她的灵魂以自己的方式，一直在护佑着大唐那片土地，以及土地上的人。

在武则天被封印的第九年，有盗墓贼在乾陵外撬动石块时，意外挪动了封印她灵魂的阵法，封印中出现了一条很小、很窄的缝隙。武则天的灵魂就借着这个机会，从封印中逃了出来。

“挖心注水”和“斩翅钉尾”风水布局

从空中俯瞰武则天乾陵的陵园，山脉的整体形状非常像一只展翅翱翔的凤凰。但它的尾部、心脏位置和翅膀，都遭到了不同程度的破坏和损毁。

这是“挖心注水”“斩翅钉尾”的风水布局，不是传说。

当时的大唐，是整个地球上最后一块被完全征服的土地。镇国太平公主被谋杀之后，罗马帝国就完成了对全球的征服计划。

罗马帝国在损毁了李治和武则天的墓碑之后，立起那块巨大的无字碑、那根象征性的“中指”的同时，还对这只展翅翱翔的凤凰实施了挖心、注水、断翅、钉尾的风水布局。

这不只是为了阻止武则天这位中国历史上唯一的女皇帝的灵魂，再次回到中华大地，或者在未来再次出现一位能与罗马帝国抗争的女皇帝。

这个布局真正的目的，是让整个地球不再出现任何一个敢于与罗马帝国抗争的女性统治者。

如果把地球看作一个人的话，大唐所在的位置就是大脑，而这只展翅翱翔的凤凰，处在大脑的中心位置，相当于松果体。用挖心、折翅、钉尾，来破坏松果体，是为了阻止整个地球上再次出现一位能够与罗马帝国对抗的女性统治者。

而在此后一千三百年里，整个世界，确实没有再出现过这样一位女性统治者。

自武则天去世至今一千三百多年，她的乾陵被盗过无数次，却从未有一次成功。

其中最著名的，就是黄巢率领四十万大军的“盗墓”事件，最终留下了一条深约四十米的大坑。

黄巢的军队并不是去盗墓的。

真正的原因是：罗马帝国在得知武则天的灵魂已经逃出去了以后，发现她的能量仍然留在当地的水源之中，通过水源灌溉庄稼、供养百姓、流入河道。黄巢是奉命前往，目的不是进入陵墓，而是把这股能量从水源中挖出来。

所以才动用了四十万人，挖出了如此巨大的沟壑。

他们以为这个沟挖得够深了，已经把武则天留下的能量彻底挖干净了，但其实并没有。武则天的能量，仍然存在于极深、极深、极深的水源之中，接近地球核心的层面，他们根本无法触及。那股能量直到现在，仍然还在那里。

所以，黄巢并不是去盗墓的。他是去破坏水源中，武则天留下的能量。

罗马人在武则天去世后不久，就试图盗掘她的陵墓。他们的目的，是把武则天的遗体挖出来，利用她的骨髓和骨头进行克隆。

因为武则天太强大了，她是一个他们无法打败、也无法掌控的君王。所以他们想用她的骨髓和 DNA，克隆出另一个武则天，再操纵这个克隆体，去稳固他们对整个世界的统治。

另一波人，就是大唐的人和现在的中国人，除了为了财物之外，他们还想把武则天从墓里挖出来，把她的骨头磨成粉末。他们以为，只要把武则天的骨头粉末喝进身体里，就能获得她的能力、她的力量，她的权力，以及她性格中所有属于君王、统治者、明君的特质。

但每次盗墓开始、动手挖掘时，就会出现极端天气，盗墓就无法继续。

真正的原因是：

武则天的墓并不是无人守护，而是有一整个龙的家族在守护。武则天的血脉，是隋唐龙族的血脉，源自远古时代。

因此，她的陵墓是由一整个龙族家族看护着。

这也是为什么太平公主会拥有属于自己的那条金龙——那条金龙同样也来自这个家族。

在能量层面上，武则天有一条属于自己的深蓝色的龙，一直在守护着她的陵墓。

《权力的游戏》讲的是西方世界中，龙族在三维空间里与人类血脉绑定的历史；而金龙和太平公主，则是东方世界里，龙的家族与武则天家族血脉的历史。

现代人并不是不想挖，也不是怕断子绝孙，是他们打不过高维度的整个龙的家族，打不过那些看坟的真正“大佬”。

所以，数十次盗墓，没有一次成功。

上官婉儿墓

李旦再次执政不久，上官婉儿在家里因难产去世。消息传回大唐时，太平公主非常非常难过，写下了那首“千年万岁，椒花颂声”的悼词。

上官婉儿是一位极具才华、充满智慧的政治奇才，同时也是性格刚强、勇敢无畏的勇士。如果不是婉儿的忠勇与胆识，就不会有神龙政变和唐隆政变，也不会有今天中国的版图。

上官婉儿这位忠勇的女性政治家，是一个值得每一位中国人记住的名字。她真实的家世与历史，她为大唐力挽狂澜、救国于危难的历史事实，都应当被真实地记录下来。

李旦将皇位传给李隆基之后，李隆基派人将上官婉儿的遗骨从坟中挖出，丢到洛阳一处埋葬平民的乱坟岗里。这是一种死后的羞辱——意思是：你活着的时候我对你无能为力，你死后也要让你不得安息。

李隆基对上官婉儿怀有一种极其扭曲的恨意。因为在武则天执政时期，她与太平公主所拥有的滔天权力，在男权社会中对他而言，是绝对不能被允许的。

后来，李旦得知李隆基所做的事情后，便在太平公主家族的墓地里，为上官婉儿立了一座衣冠冢。

碑文由李旦亲手所写，记录了婉儿的生平、政绩，以及她多次拯救大唐于水火之中的历史功绩。同时，也将太平公主悼念上官婉儿的那首十六字诗——

“千年万岁，椒花颂声”

一并刻在了碑上。

李旦过世之后，李隆基派人前往太平公主的家族墓园，毁了上官婉儿的衣冠冢，还将李旦为上官婉儿立的碑一并砸碎，重新立起了一块写满谎言的墓碑。为了让这块墓碑在后人面前显得更加“可信”，他刻意保留了太平公主的“千年万岁，椒花颂声”悼词。

2013 年，上官婉儿的墓碑被考古人员发掘出土。

这块充满谎言的墓碑，如今存放于陕西考古博物馆之中，供世人瞻仰。

李旦安葬太平

太平被谋杀之后，李旦悄悄地将自己最疼爱的妹妹，安葬在她童年时最喜欢去的地方。那里依山而建，每到春夏，她都会被带去那里，避开宫廷的喧闹与繁重的功课。

李旦将太平的墓隐藏起来，还有一个重要原因。罗马帝国对太平恨之入骨。自十八岁起，她随军出征，后来统领三军，收回了罗马帝国在谋杀李弘之后夺走的大唐近一半江山，甚至还夺回了更多土地。

然而，罗马人始终无法击败这位智勇双全、铁骨铮铮、手握军权与民心、绝不妥协屈服的大唐镇国公主。

李旦担心，罗马人会在太平死后亵渎她的遗体，将她的尸骨抛出、曝尸、游街示众——因为他们曾试图盗掘母亲武则天的陵墓。

因此，李旦只带了两名亲信随从，悄悄地将太平安葬在那个无人知晓的地方。

太平死后不到两年，李旦离世。

五年之内，上官婉儿、太平公主与李旦相继离世。

CHAP 15 没有遗憾

没有遗憾

不久以后，美国的感恩节，我的家里。

天气有些冷，院子里的树上还剩下零星的叶子，但已经不多了。房子里灯光明亮，很温暖，空气中弥漫着烤火鸡的香味。

我坐在角落的沙发里，Sunshine 一直在我身边，从未离开。

大哥李弘温和耐心地和孩子们聊天，Katy 满足地品着红酒，吃得不多；李旦紧张地忙着和朋友打电动游戏。婉儿和 Neil 细心地照顾家人，陪孩子吃饭、聊天。

我安静地、很享受地坐在那里，终于又和我的灵魂的家人们聚在了一起，很温暖。

这一世，没有皇权之下的猜忌凶险，也没有金戈铁马中的颠沛流离。

我做了我想做的事，没有遗憾。

www.ingramcontent.com/pod-product-compliance
Lightning Source LLC
LaVergne TN
LVHW090603110826
845146LV00001B/243

* 9 7 9 8 9 9 4 6 4 7 9 8 1 *